Titelbild: Copyright Inge Bleidick, Dortmund

	Seite
1. Einleitung	3
2. Wie viele Arten von Engeln gibt es?	8
3. Wie viele Erzengel gibt es?	11
4. Was sagt die Bibel über Engelbegegnungen?	18
5. Was steht in der Bibel darüber, wie Engel Menschen zur Hilfe kamen?	28
6. Warum bekommen immer mehr Menschen Kontakt zu den Engeln?	30
7. Die Universellen Gesetze	33
8. Wie spricht man mit Engeln?	38
9. Meine und die Erfahrungen anderer Menschen mit Engeln oder Zufällen?	46
10. Gedichte	157
11. Interessante Filme	162
12. Über die Autorin	168

1. Einleitung

Schaut her, hört und fühlt,
wir sind da allezeit und immer bereit,
zu unterstützen Euch bei Eurem Auftrag.
Wir waren da, als ihr kamt in diese Welt,
und wir sind da, wenn ihr wieder
Eure ursprüngliche Lichtform annehmt.
Ruft uns und wir sind zur Stelle,
damit erhelle sich Euer Blickwinkel für die Liebe und
das Licht, um zu erfüllen Euren Auftrag in diesem
Erdenleben.

Illusion, Zufall oder Wahrhaftigkeit?

Babys und kleine Kinder haben ihre Gabe noch nicht verloren, Engel zu hören, zu fühlen oder zu sehen. Sie sind den anderen Dimensionen noch sehr nah. Je älter wir werden, desto mehr verschließen wir uns dieser guten Führung. Wir haben einen eigenen Willen und können die Wahl treffen, wie wir unser Leben gestalten. Wir können die Botschaften und Hinweise der Engel ignorieren oder annehmen.

Je mehr wir uns öffnen, desto besser lernen wir wieder die Engel wahrzunehmen. Sie helfen, uns unseren selbst erwählten Auftrag auf dieser Erde bestmöglich zu erledigen. Sie schützen uns vor jeglichem Übel, wenn wir nur richtig hinhören und hinsehen. Ausführen müssen wir alles noch allein, weil wir nicht unmündig sind. Wir können nicht fahrlässig mit unserem Leben umgehen und denken, dass da jemand immer zur Stelle ist. Wir bekommen nur Hilfestellung, wenn wir darum bitten. Engel sind kraftvolle, schöpferische Lichtwesen, deren Wirkungsbereich sich durch alle Ebenen des Universums erstreckt. Wenn wir Menschen wieder lernen mit den Engeln zusammen zu arbeiten, werden sich uns viele neue Möglichkeiten aufzeigen. Wir können mit ihrer Hilfe lernen, unsere Welt harmonischer zu gestalten sowie Heilungsprozesse in uns und auf der Erde zu intensivieren.

Viele Menschen haben mir ihre Erlebnisse mit Engeln geschildert bzw. zugesandt, die ich in diesem Buch mit meinen eigenen Erfahrungen zusammengestellt habe, um zu zeigen, wie einfach es ist, die Hinweise zu erkennen. Manche habe ich auf Wunsch nur mit Vornamen erwähnt, mache mit dem vollständigen Namen. Sind es Engel oder Verstorbene, die uns zur Hilfe eilen oder ist es Zufall? Die Entscheidung möge jeder für sich selbst treffen.

Als kleines Mädchen war ich sehr gläubig. Wir beteten vor jeder Mahlzeit und bedankten uns für das gute Essen. Fromme Bilder und Kreuze schmückten unsere Wände und abends kniete ich mich vor mein Bett und nahm Kontakt mit Gott auf. Als ich ca. 5 Jahre alt war, bekam ich auf meinem Weihnachtsteller ein kleines Engelbildchen mit meinem Namen. Dieses Bild habe ich immer noch. Es ist nie abhandengekommen. Später kamen Jahre, wo die tiefe Bindung zu Gott und dem Universum einschlief, aber nie abriss. Immer wieder betete ich für Menschen in Not, aber tiefe Gläubigkeit kam erst viel später wieder zurück. Die Gläubigkeit hat nichts mit der Zugehörigkeit zu einer Religion zu tun, sondern das Gefühl, dass da mehr ist zwischen Himmel und Erde. Danach wuchs die Sensibilität für das Universum immer mehr. Ich erkannte, dass es keine Zufälle waren, die mir da widerfuhren. Ich spürte schlechte oder gute Energien in Räumen mit Personen. Ich bemerkte, dass man mit dem Universum genauso reden kann, wie mit einem Menschen. Wenn mir etwas sehr wichtig ist und ich es nicht allein schnell hinbekomme, dann bitte ich um Hilfe. Sei es ein Parkplatz in der Stadt, weil ich sonst meinen Termin verpasse, sei es die Heizung, die ausfiel und wieder angehen sollte, weil der Handwerker erst am nächsten Tag kommen würde oder sei es der Schutz meiner Söhne auf Reisen.

Bevor ich einer Person eine Matrix-Harmonia-Quantenheilungsanwendung gebe oder ich eine Familienaufstellung führe, bitte ich die Engel um Beistand und Führung zu guten Erkenntnissen.

Professor Dr. Thomas Ruster antwortete in einem Interview (Thema: Mit Engel reden?) mit Rüdiger Wala, der die Frage stellte: „Aber nicht jeder, der mit Engeln spricht, muss einen Psychologen aufsuchen oder?" wie folgt:

„Warum denn? Auch Maria hat mit Engeln geredet. Im Rahmen unseres aufgeklärten Verständnisses haben wir diesen Bereich des Himmels, die verzauberte Engelwelt, die mit unserer Welt verknüpft ist, völlig ausgeschlossen. Rationalität wurde auf den Bereich des empirisch Nachweisbaren reduziert. Doch diese andere, eher erfahrungswissenschaftliche Wahrnehmung der Welt kommt wieder. Es gibt wieder eine Art von Himmelserkenntnis – nicht unbedingt im christlichen Sinn. Aber der Himmel wird als Teil der Welt wahrgenommen. Der Himmel bricht wieder durch."

Der Psychologe C. G. Jung beschreibt die Wirksamkeit von Engeln als personifizierte Übermittler unbewusster Inhalte, die sich zu Wort melden. Er behauptet: „Sie geben dem Kind tiefere Geborgenheit als Menschen dies vermögen, vermitteln Schutz und beruhigen auch tiefsitzende Ängste."

Die FBI-Beamtin Leonardi sah 2001 drei Stunden nach dem Absturz eines Flugzeugs über der Unfallstelle Engel schweben und hat das Erlebnis in einem Buch veröffentlicht.

Doreen Virtue, promovierte Psychologin und erfolgreiche Schriftstellerin über Engelphänomene, hat bei facebook knapp 2 Millionen „Freunde". Doreen Virtue schreibt über Kontakte mit Engeln, Erzengeln und Naturgeschöpfen.

Diese Liste könnte ich ellenlang weiterführen. Engel sind heute ein großes Thema.

Wir sind da und geben Zeugnis von der hiesigen und jenseitigen Welt, wir sind da, damit Ihr Euch erinnern mögt, woher Ihr kommt und wohin Ihr geht.
Wir sind da, habt keine Angst, alles wird gut.

2. Welche Arten von Engel gibt es?

Engel gehören zur unsichtbaren Schöpfung Gottes. Ihre wichtigsten Aufgaben sind Boten Gottes zu sein, Gott zu loben, für Ordnung zu sorgen und Menschen zu beschützen. Ein jüdisches Sprichwort lautet: Einen Engel erkennst du erst, wenn er vorbei gegangen ist.

Engel tauchen sowohl im Alten als auch im Neuen Testament an verschiedenen Stellen auf – als Hofstaat Gottes, als Boten, die Nachrichten überbringen, oder als Beschützer und Begleiter von Menschen. Welche Rolle sie auch spielen: Immer haben die Engel einen göttlichen Auftrag zu erfüllen.

Die himmlische Hierarchie unterliegt einer Ordnung in Triaden. Keiner ist wichtiger als der andere, aber jeder hat andere Aufgaben. Es gibt keine Rangordnung wie bei uns auf der Erde.

Meine Recherchen haben ergeben, dass die meisten „Engelkundigen" die Engel in folgenden drei Triaden aufteilen:

1. Triade (Gott am nächsten)

Seraphim: sind immer in Gottes unmittelbarer Nähe und halten durch ihren Gesang die hohe Schwingung konstant.

Cherubim: verbreiten das göttliche Licht im Universum.

Ophanim, auch Throne genannt: sind für die Fortbebewegung zuständig und beschützen die Planeten.

2. Triade

Herrschaften: sind der himmlische Arbeiterchor, der für die Koordinierung der Engel zuständig ist.

Gewalten/Tugenden: bewirken Wunder und spenden Mut und bringen uns das Licht (die geistige Entwicklung) reduziert, so wie wir es ertragen können.

Mächte: Die Mächte sind Geburts- und Todesengel, kontrollieren unsere Seelen in Bezug auf Karma (jede Handlung hat eine Folge) und beschützen vor Dämonen.

3. Triade

Fürstentümer: beschützen Religionen, Nationen und Städte.

Erzengel: sind Boten zwischen Gott und Menschen. Sie überwachen große Projekte der Engel und die Verbreitung des Lichts.

Engel und Schutzengel: sind dem Menschen am nächsten. Sie sind unsere Wächter auf Erden.

Ein Engel ist ein rein geistiges Wesen ohne Körper, kann aber eine Körperform annehmen. Ein Engel inkarniert aber niemals als Mensch und ein Mensch kann niemals ein Engel werden. Die Engel sind zweigeschlechtlich und kennen die Sexualität nicht. Zur Zeit Noahs soll das anders gewesen sein. Gefallene Engel nehmen sich Menschenfrauen zur Frau und zeugen mit ihnen die Nephilim. Bibel, 1. Moses 6, Vers. 1.

Es gibt außerdem Geistführer und Helfer. Das sind keine Engel, es sind Verstorbene, die uns bei unserer Aufgabe hier auf Erden unterstützen. Sie begleiten uns eine gewisse Zeit. Auf der anderen Seite haben sie für diese Aufgabe Erfahrungen gesammelt oder schon als Erdenbürger während ihres Lebens eine spirituelle Entwicklungsstufe erreicht.

Mit unserem Geistführer können wir ebenso kommunizieren wie mit den Engeln. Telepathisch versuchen sie uns Informationen zukommen zu lassen. Sie inspirieren uns bei unserem Tun.

3. Wie viele Erzengel gibt es?

Fast jede Religion erzählt von Engeln und Erzengeln, z.B.:

Islam

Der Islam spricht von 4 Erzengeln, aber benennt nur Michael und Gabriel mit Namen.

Des Weiteren werden aber andere Engel mit Namen benannt. Der Glaube an die Engel gehört zu den grundlegenden Verpflichtungen der Muslime: „Wer an Gott, seine Engel, seine Schriften, seine Gesandten und den jüngsten Tag nicht glaubt, ist vom rechten Weg weit abgeirrt. (Sure 4,136; eine ähnliche Aufzählung: Sure 2,285). Die Muslime glauben, dass der Engel Gabriel Mohammed den Koran diktiert hat.

Judentum

Die spätere jüdische Tradition zählte sieben Erzengel. Sieben geht auf eine Stelle im Buch Tobit zurück, wo Raphael sagt, er sei „einer von den sieben heiligen Engeln, die das Gebet der Heiligen emportragen und mit ihnen vor die Majestät des heiligen Gottes treten." Neben den zwei im Tanach (jüdische Bibeltexte) enthaltenen Erzengelnamen Gabriel und Michael werden im Laufe der Zeit z. B. in verschiedenen Schriften: Chamuel, Haniel, Jophiel, Raguel, Sariel, Ramiel, Zadkiel, Raphael, Metatron und Uriel als Namen von Erzengeln genannt.

Christentum

Das Christentum benennt in der Bibel drei Engel: Michael, Raphael, Gabriel (Einheitsbibelübersetzung)

In Europa werden volkstümlich die Erzengel Michael, Raphael, Gabriel, Uriel, Chamuel, Jophiel, Zadkiel zu Rate gezogen.

In Palermo entdeckte man 1516 ein Freskos mit sieben Erzengeln in der Kirche „Setti Angeli" womit eine Verehrung von sieben Erzengel sich weiter über Italien bis in die Niederlande und nach Russland und Südamerika ausweitete.

Es gibt heute noch einen interessanten Standort der "Sieben" in Deutschland zu sehen. In Oberbayern in der Pfarrkirche Mettenheim bei Mühldorf/Inn. Sie ist nun wohl die einzige Kirche in Deutschland, in der sieben Erzengel als große Figuren zu sehen sind. (Michael, Gabriel, Raphael, Uriel, Jehudiel, Barachiel und Salathiel).

Im Internet kann man zahlreiche andere Namen von Erzengeln finden. Die russische orthodoxe Kirche hat z.B. Jeremiel als 8. Erzengel.

So wie es die guten Engel gibt, so gibt es auch die gefallenen Engel wie Lucifer (Satan). Satan und sein Gefolge wollten sein wie Gott und wurden aus den oberen Dimensionen verbannt. Sie halten sich oft in Erdennähe auf und versuchen die Menschen in ihren Bann zu bekommen. Das Böse ist unter uns. Umso wichtiger ist der Schutz der guten Engel für uns.

Wie schon erwähnt, hat jeder Engel seine Aufgabe, aber keiner ist schlechter oder besser als der andere.

Das el am Ende des Namens bedeutet: scheinendes Wesen.

Das griechische Wort für Engel ist Angelos, was Bote bedeutet, das hebräische Wort ist Malakh und bedeutet göttlicher Geist, und das persische Wort Angeros heißt Kurier. Engel werden von allen Religionen erwähnt und scheinen auch überall dieselbe Rolle zu spielen.

Das umfangreichste System der Engel finden wir in der Kabbalah. Kabbalah bedeutet "verborgene Weisheit". Die 72 Engel der Kaballah (auch Kaballa) stellen die Qualitäten der Kräfte Gottes in der reinsten Form dar. Das Ziel eines jeden Menschen sollte sein, diese Qualitäten in sich wieder zu erwecken und in sein Leben zu integrieren. Dadurch erreicht er höchste Bewusstseinszustände.

Aus der Bibel verbannt ist das Buch Henoch. Henoch legte die Taten abtrünniger Engel (Kapitel 6, Vers 7: Semjaza, ihr Oberster, Arakib, Aramiel, Kokabiel, Tamiel, Ramiel, Daniel, Ezeqiel, Baraqiel, Asael, Armaros, Batariel, Ananiel, Zaqile, Sampsiel, Satariel, Turiel, Jomiel, Araziel.) offen und die Verteilung der Aufgaben der verbliebenen Erzengel. Kapitel 20: „Das sind die Namen der heiligen Engel, welche Wache halten: Uriel, einer von den heiligen Engeln, nämlich (der Engel) der Welt und des Bebens (r. Tartarus). Rafael, einer der heiligen Engel, (der Engel) der Geister der Menschen. Raguel, einer der heiligen Engel, der Rache nimmt an der Welt und den Lichtern (r. Welt der Lichter). Michael, einer der heiligen Engel, nämlich der, welcher über die Besten unter den Menschen, über das Volk, gesetzt ist. Saraqiel, einer der heiligen Engel, der über die Geister der Menschenkinder (gesetzt) ist, die gegen die Geister sündigen. Gabriel, einer der heiligen Engel, der über das Paradies, die Schlangen und die Cherubim (gesetzt) ist." Namentlich wird Henoch in der Bibel nur noch im 1. Mose 5, Vers. 18 erwähnt.

Michael bedeutet: Wer ist wie Gott

Erzengel Michael ist der Meister aller Engel. Der Name: „Wer ist wie Gott", lässt darauf schließen, dass er Gott am ähnlichsten ist. Einige Religionsforscher vermuten, dass Michael der erste Engel war. Er ist ein mächtiger Kriegerengel, der uns vor Angriffen schützen kann. In der Bibel unter Offenbarung 12, Vers 7 steht: Michael und seine Engel kämpften mit dem Drachen (Satan).

Die Zeugen Jehovas sind folgender Ansicht: „Wie sich aus der Bibel schlussfolgern lässt, ist Michael ein anderer Name für Jesus Christus, und zwar vor seiner Geburt auf der Erde und nach seiner Rückkehr in den Himmel" (jw.org). Das würde seinen Rang als Anführer (Erzengel) erklären. Neben Erzengel Michael benennen sie noch den Engel Gabriel.

Jophiel bedeutet: Gott ist Wahrheit

Jophiel bringt Weisheit auf unsere Erde und gibt uns Kraft, um Angst, Engstirnigkeit, Unwissenheit und Stolz zu überwinden.

Chamuel bedeutet: Der, der Gott gesehen hat

Chamuel ist für die bedingungslose Liebe zuständig. Er hilft negative Gefühle in positive Gefühle umzuwandeln und hilft uns bei Beziehungsproblemen.

Gabriel bedeutet: Gott ist stark

Gabriel ist für die innere Reinigung zuständig. Er hilft zu verzeihen und sich von negativen Energien zu befreien. Er hilft uns Visionen zu verstehen.

Raphael bedeutet: Gott heilt

Raphael ist der Engel der Blinden und Heiler. Er unterstützt alle Blinden, die andere Sinne entwickeln müssen, und alle Menschen, die an Heilungsprozessen beteiligt sind.

Uriel bedeutet: Das Licht Gottes

Uriel bringt den Menschen Frieden, Ruhe, Gelassenheit. Er ist der Wächter der Finsternis und führt die Verstorbenen zur Erkenntnis von Gut und Böse. Er zeigt uns den Kern unseres Wesens.

Zadkiel bedeutet: Gerechtigkeit Gottes

Zadkiel ist für die innere Wandlung zuständig. Er hilft den Menschen niedrige Energien zu erhöhen um eine große Veränderung zu meistern.

Ramiel bedeutet: Hoch erhört sein

Erzengel Ramiel ist ein Helfer beim spirituellen Aufstieg. Er verhilft uns Mitgefühl zu entwickeln für die Menschheit und den Planeten. Ob es sich um den abtrünnigen Engel aus dem Buch Henoch, Kapitel 6, Vers 7 handelt, der evtl. begnadigt wurde, kann man nicht mit Bestimmtheit herausfinden.

4. Was sagt uns die Bibel über Engelbegegnungen

Nach biblischer Auffassung existierten Engel schon vor der Entstehung der Welt als Diener Gottes. Jede Religion erzählt von Engeln. An Zahl so groß, dass ein Zählen nicht möglich wäre. Einige dieser Engel wurden abtrünnig und aus der Gemeinschaft ausgestoßen. Leider nehmen diese Geistwesen auch Kontakt mit Menschen auf. Deshalb sollte man nur die lichtvollen reinen Engel anrufen. Wenn ich reinen Geistes bin, kann auch nur ein lichtvoller Engel zu mir durchdringen.

Folgende Bibelstellen können Sie gern in Ihrer Bibel nachschlagen:

Engel an Zahl so groß:

Offenbarung 5, Vers 11: „Und ich sah, und ich hörte eine Stimme vieler Engel rings um den Thron und die lebenden Geschöpfe und die Ältesten, und ihre Zahl war

Myriaden mal Myriaden und Tausende mal Tausende, die mit lauter Stimme sprachen: „Das Lamm, das geschlachtet wurde, ist würdig, die Macht und Reichtum und Weisheit und Stärke und Ehre und Herrlichkeit und Segen zu empfangen."

Ein Engel machte Gideon Mut, damit er nicht verzweifelt:

Richter 6, Vers 12: „Dann erschien ihm Gottes Engel und sprach zu ihm: „Gott ist mit dir, du tapferer Starker."

Ein Engel sprach zu Manoachs Frau:

Richter 13, Vers 6: „Dann ging die Frau hin und sagte zu ihrem Mann: „Ein Mann Gottes ist zu mir gekommen, und sein Aussehen war wie das Aussehen des Engels des Gottes, sehr furchteinflößend. Und ich fragte ihn nicht, woher er denn sei, noch teilte er mir seinen Namen mit." Aber er sprach zu mir: Siehe! Du wirst schwanger werden, und du wirst bestimmt einen Sohn gebären. Und nun, trink keinen Wein noch berauschendes Getränk, und iss nichts Unreines, denn ein Nasiräer Gottes wird das Kind werden vom Mutterleib an bis zum Tag seines Todes."

Ein Engel sprach zu Manoach bezüglich der Schwangerschaft seiner Frau:

Richter 13, Vers 13: „Da sprach Gottes Engel zu Manoach: „Daraufhin stand Manoach auf und begleitete seine Frau und kam zu dem Mann und sagte zu ihm: „Bist du der Mann, der zu der Frau geredet hat?", worauf er sprach: „Ich bin es." Da sagte Manoach: „Nun, lass deine Worte wahr werden. Was wird des Kindes Lebensweise und seine Arbeit werden?" Da sprach der Engel zu Manoach: „Von allem, was ich der Frau angegeben habe, sollte sie sich enthalten. Gar nichts, was vom Weinstock stammt, sollte sie essen, und keinen Wein noch berauschendes Getränk lass sie trinken, und nichts Unreines von irgendeiner Art lass sie essen. Alles, was ich ihr geboten habe, möge sie halten." Von allem, was ich der Frau angegeben habe, sollte sie sich enthalten."

Ein Engel stellt sich Bileam und seiner Eselin in den Weg:

4. Moses 22, Vers 21-35: „Danach stand Bileam am Morgen auf und sattelte seine Eselin und ging mit den Fürsten Moabs. Und der Zorn Gottes begann zu entbrennen, weil er ging und Gottes Engel stellte sich dann in den Weg, um ihm zu widerstehen. Und er ritt auf seiner Eselin, und zwei seiner Bediensteten waren

bei ihm. Und die Eselin bekam Gottes Engel zu sehen, der mit seinem gezückten Schwert in seiner Hand im Weg stand; und die Eselin versuchte vom Weg abzubiegen, um ins Feld zu gehen, aber Bileam begann die Eselin zu schlagen, um sie auf den Weg zu lenken. Und Gottes Engel blieb auf dem engen Pfad zwischen den Weingärten stehen, eine Steinmauer auf dieser Seite und eine Steinmauer auf jener Seite. Und die Eselin sah Gottes Engel ständig und begann sich an die Wand zu drücken und drückte so Bileams Fuß an die Wand; und dann schlug er sie noch mehr.

Der Engel ging nun wieder vorüber und stellte sich an einen engen Ort, wo kein Weg war, nach rechts oder links abzubiegen. Als die Eselin den Engel zu sehen bekam, legte sie sich nun unter Bileam nieder, so dass Bileams Zorn entbrannte, und er schlug die Eselin wiederholt mit seinem Stab. Schließlich öffnete Gott den Mund der Eselin und sie sprach zu Bileam: „Was habe ich dir getan, dass du mich diese drei Male geschlagen hast?" Daraufhin sagte Bileam zur Eselin: „Nun, weil du Mutwillen mit mir getrieben hast. Wäre nur ein Schwert in meiner Hand, so hätte ich dich jetzt getötet!" Da sprach die Eselin zu Bileam: „Bin ich nicht deine Eselin, auf der du dein ganzes Leben lang geritten bist bis auf diesen Tag? Pflegte ich dir je auf diese Weise zu tun?"+ Hierauf sagte er: „Nein!" Und Gott öffnete dann die

Augen Bileams, so dass er Gottes Engel sah, der mit seinem gezückten Schwert in seiner Hand auf dem Weg stand. Sogleich beugte er sich nieder und warf sich auf sein Angesicht.

Dann sprach der Engel zu ihm: „Warum hast du deine Eselin diese drei Male geschlagen? Siehe! Ich — ich bin ausgezogen, um Widerstand zu leisten, weil dein Weg überstürzt gegen meinen Willen gewesen ist. Und die Eselin sah mich schließlich und versuchte diese drei Male, vor mir abzubiegen. Angenommen, sie wäre nicht vor mir abgebogen! Denn dich hätte ich jetzt schon getötet, sie aber hätte ich am Leben erhalten." Darauf sagte Bileam zu dem Engel: „Ich habe gesündigt, denn ich wusste nicht, dass du es warst, der sich mir im Weg entgegenstellte. Und nun, wenn es böse ist in deinen Augen, lass mich meinen Weg zurückgehen. Der Engel aber sprach zu Bileam: „Geh mit den Männern; und nichts als das Wort, das ich zu dir reden werde, darfst du reden." Und Bileam ging mit den Fürsten Balaks weiter."

Ein Engel drängt Lot:

Moses 19 Vers 15: „Als jedoch die Morgenröte heraufkam, da drängten die Engel Lot, indem sie sprachen: „Mache dich auf, nimm deine Frau und deine beiden Töchter, die sich hier befinden, damit du nicht in der Vergehung der Stadt weggerafft wirst!"

Engel stiegen an einer Leiter auf und nieder:

1. Moses 28, Vers 12: „Und er begann zu träumen, und siehe, da war eine Leiter auf die Erde gestellt, und ihre Spitze reichte an die Himmel; und siehe, Gottes Engel stiegen daran auf und nieder."

Engel erscheint Moses:

2. Moses 3, Vers.2: „Dann erschien ihm ein Engel in einer Feuerflamme inmitten eines Dornbusches. Als er fortwährend hinschaute, siehe, da brannte der Dornbusch mit Feuer, und doch wurde der Dornbusch nicht verzehrt."

Engel wird vor ihm her gesandt:

2. Moses 23, Vers 20: „Siehe, ich sende einen Engel vor dir her, um dich auf dem Weg zu bewahren und dich an den Ort zu bringen, den ich bereitet habe."

Engel befreit Gottesfürchtige:

Psalmen 34, Vers. 7: „Der Engel Gottes lagert sich rings um die her, die ihn fürchten, und er befreit sie."

Engel erscheint im Traum:

Matthäus 1, Vers 20: „Als er das noch bedachte, siehe, da erschien ihm der Engel des Herrn im Traum und sprach: „Josef, du Sohn Davids, fürchte dich nicht, Maria, deine Frau, zu dir zu nehmen."

Sie sind wie körperlose Engel:

Matthäus 22, Vers 30: „Denn in der Auferstehung heiraten Männer nicht, noch werden Frauen verheiratet, sondern sie sind wie Engel im Himmel."

Ein Engel hat den Stein gewälzt:

Matthäus 28, Vers 2: „Und siehe, ein großes Erdbeben hatte sich ereignet; denn Jehovas Engel war vom Himmel herabgestiegen und hatte den Stein weggewälzt und saß darauf."

Der Engel des Herrn öffnete nachts die Gefängnistore:

Apostelgeschichte 5, Vers 19: „In der Nacht aber öffnete Jehovas Engel die Türen des Gefängnisses, führte sie heraus und sprach: „Geht eures Weges, und stellt euch im Tempel hin, und fahrt fort, dem Volk alle Worte über dieses Leben zu sagen".

Apostel sind zur Schau gestellt worden für die Welt, Engel und Menschen:

1. Korinther 4, Vers 9: „Denn mir scheint, dass Gott uns, die Apostel, zuletzt zur Schau gestellt hat als zum Tod bestimmte Menschen, denn wir sind ein Schauspiel geworden für die Welt und für Engel und Menschen."

Engel fordern auf, weise zu richten:

1. Korinther 6, Vers. 2: „Oder wisst ihr nicht, dass die Heiligen die Welt richten werden? Und wenn durch euch die Welt gerichtet werden soll, seid ihr da nicht geeignet, ganz geringfügige Dinge rechtlich zu entscheiden? Wisst ihr nicht, dass wir Engel richten werden? Warum also nicht Dinge dieses Lebens? Wenn ihr nun Dinge dieses Lebens rechtlich zu entscheiden habt, setzt ihr da diejenigen als Richter ein, auf die man

in der Versammlung herabblickt? Ich sage zu eurer Beschämung. Ist denn wirklich nicht e i n Weiser unter euch, der zwischen seinen Brüdern richten kann, sondern Bruder geht mit Bruder vor Gericht, und das vor Ungläubige?"

Satan nimmt die Gestalt eines Engels an:

2. Korinther 11, Vers. 14: „nd kein Wunder, denn der Satan selbst nimmt immer wieder die Gestalt eines Engels des Lichts an."

Unbewusst Engel bewirtet:

Hebräer 13, Vers. 2: „Die Gastfreundschaft vergesst nicht, denn durch sie haben einige unbewusst Engel gastlich aufgenommen."

Engel können über den „Geist" hineinschauen:

1. Petrus 1, Vers. 12: „Ihnen wurde es geoffenbart, dass sie nicht sich selbst, sondern euch mit den Dingen dienten, die euch nun durch diejenigen angekündigt worden sind, die euch die gute Botschaft mit dem vom Himmel her gesandten heiligen Geist verkündigt haben.

Gerade in diese Dinge begehren Engel hinein zuschauen."

Engel, die gesündigt haben:

2. Petrus 2, Vers 4: „In der Tat, wenn Gott sich nicht davon zurückhielt, die Engel, die gesündigt hatten, zu bestrafen, sondern dadurch, dass er sie in den Tạrtarus warf, sie Gruben dichter Finsternis überlieferte, um sie für das Gericht aufzubehalten."

Engel erheben keine Anklage in lästerlicher Weise:

2. Petrus 2, Vers. 11: „Wohingegen Engel, obwohl sie an Stärke und Macht größer sind, keine Anklage in lästerlichen Ausdrücken gegen sie vorbringen, und sie tun es nicht aus Respekt vor Gott."

Gott sandte einen Engel aus:

Offenbarung 22, Vers 6: „Und er sprach zu mir: „Diese Worte sind zuverlässig und wahr; ja, der Gott der inspirierten Äußerungen der Propheten, sandte seinen Engel aus, um seinen Sklaven die Dinge zu zeigen, die in kurzem geschehen sollen."

Engel haben außergewöhnliche Fähigkeiten, die aber auch begrenzt sind:

Matthäus 24, Vers 36: „Von jenem Tag und jener Stunde hat niemand Kenntnis, weder die Engel der Himmel noch der Sohn, sondern nur der Vater.

5. Was steht in der Bibel darüber, wie Engel Menschen zur Hilfe kamen?

Lot und seine Töchter überlebten die Zerstörung der lasterhaften Städte Sodom und Gomorrha, weil zwei Engel sie aus der Gegend wegführten (1. Mose 19, Vers 15, 16).

Im alten Babylon sollten drei junge Hebräer in einem Feuerofen verbrannt werden. Die Bibel berichtet, dass Gott seinen Engel sandte und seine Diener befreite (Daniel 3, Vers 19-28).

Jahrhunderte später wurde der Prophet Daniel in eine Löwengrube geworfen, aber er überlebte das unbeschadet und sagte: „Mein eigener Gott hat seinen Engel gesandt und das Maul der Löwen verschlossen" (Daniel 6, Vers 22).

Der Apostel Petrus wurde im 1. Jahrhundert unserer Zeit von einem Engel aus dem Gefängnis befreit (Apostelgeschichte 12, Vers 6-11).

Auch Jesus wurde von Engeln unterstützt, als er seine Tätigkeit auf der Erde begann (Markus 1, Vers 13). Und kurz vor seinem Tod erschien ihm ein Engel und stärkte ihn (Lukas 22, Vers 43).

Wenn jedoch eine schlimme Tat begangen wird und gerade keine Möglichkeit zum Intervenieren da ist, geschieht diese Tat. Dann sind auch die Engel machtlos. Das Böse ist dann so stark, dass auch sie kapitulieren müssen. Sie können gerade in dem Augenblick keinen Menschen in den Keller schicken, um einen Missbrauch eines Kindes zu verhindern. Niemand hat in dem Haus zugehört, als die Engel versuchten, durch das Unterbewusstsein jemanden in den Keller zu bewegen. Auch akzeptieren sie den Seelenplan der Person, die sich gerade diese Gefahr schon vor der Inkarnierung ausgesucht hat. Wir wissen nicht warum.

6. Warum haben immer mehr Menschen Kontakt mit Engeln?

Dr. rer. nat. Warnke beschreibt in seinen Büchern, dass es auf jeden Fall Engel gibt, die wir irgendwann selbst erschaffen haben und die von jedermann abrufbar sind. Das Quantenphänomen macht es möglich. Es besagt, dass wir die Erschaffer unseres eigenen Lebens sind und das Universum mitgestalten. Diese vor langer Zeit erschaffenen Engel haben nunmehr ein Eigenleben. In der heutigen Zeit erfahren sie eine Wiederbelebung und durch die Aussendung unserer Kontakte zu ihnen wird ihr Quantenfeld im morphogenetischen Feld immer größer. Somit haben auch immer mehr Menschen Kontakt.

Es gibt heutzutage sogar ein Engelmuseum in Engelskirchen in der Nähe von Köln. Hier findet man u.a. alte Bilder und Skulpturen.

Der Glaube an Engel ist sehr alt. Die ersten Engeldarstellungen wurden auf Rollsiegel, die um 2250 v. Chr. in Mesopotamien entstanden sind, gefunden. Über Ägypten, Assyrien, Griechenland erreichten Engeldarstellungen irgendwann schließlich das Römische Imperium. Also hat es zu dieser Zeit schon Engelkontakte und Kontakte zu anderen Dimensionen gegeben. Die alten Germanen nannten ihre Schutzengel Fylgjen. Dieser Engel begleitet seinen Schützling von Geburt an, meist in Frauengestalt oder eines Tieres. Nur im Augenblick des Todes darf sich der Schutzengel seinem Schützling zeigen, sofern nicht vorher Engelkontakte gesucht werden. Weitere Aufzeichnungen und Malereien sind dann mit der Zeitenwende, dem Wirken Jesus Christus auf der Erde zu finden. Diese Begebenheiten wurden in der Bibel zusammengetragen. Später kamen Persönlichkeiten wie Hildegard von Bingen oder Thomas von Aquin mit Engeln in energetischen Kontakt und schrieben über sie.

Das Universum nahm damals Kontakt mit der Erde auf, um mehr Menschen die Gesetze des Universums nahezubringen. Dafür mussten die Menschen aber erst bereit sein, Liebe in ihr Herz zu lassen. Sie wurden dadurch lichtvoller und je mehr Herzenswärme sie entfalten konnten, desto mehr Feinstofflichkeit (Energien aus höheren Dimensionen) nahmen sie wahr.

Die Grenzen zwischen den Dimensionen wurden immer dünner. Leider waren die lichtvollen Personen an Zahl sehr gering. Die ersten wirklichen Christen hatten die Botschaft verstanden. In den Jahrhunderten, die danach folgten, wurde die Botschaft verwässert und ein Stillstand trat ein. Das Dunkle herrschte auf der Erde mehr als das Licht.

Jetzt im Jahre 2017 sind fast 20 % der Menschheit bereit, ihr Leben lichtvoller (spiritueller) und friedvoller zu gestalten.

Der eine lebt vegan oder vegetarisch, der andere raucht nicht mehr und geht sehr mäßig mit Alkohol um, ein anderer wiederum hat Yoga und Meditation für sich entdeckt und fast alle nehmen die alternativen Heilmethoden zur ärztlichen Versorgung dazu. Körper und Geist können gesunden.

Friede ist in viele Herzen gezogen und macht das Tor auf für die geistige Welt.

Verstorbene, geistige Helfer oder Engel haben die Möglichkeit Kontakt aufzunehmen, wenn die Person es wünscht. Niemals würde sich das Universum aufdrängen. Wir können uns nur öffnen und zulassen. Der Wunsch nach Veränderung und Kontakt macht es möglich. Die Engel haben eine höhere Frequenz als wir, also müssen wir unsere Frequenz erhöhen. Wenn Liebe in unserem Herzen wohnt, dann sind wir schon auf einer anderen Schwingungsebene und die Gesetze des Universums werden uns nun auf diesem Wege übermittelt. Man zeigt uns, wie wir unser Leben besser gestalten und mehr Frieden in die Welt bringen können, um aufzusteigen in eine höhere lichtvollere Dimension.

7. Die Universellen Gesetze

Weisheit, Heilung, Zuversicht, Liebe und Freude werden wir erfahren, wenn wir die Gesetze erkennen und anwenden. Folgende sieben Gesetze wollen die Engel uns wieder ins Gedächtnis rufen:

1. Das Gesetz des Geistes

Die Quelle aller Schöpfung ist reines Bewusstsein, ein unendlicher Schöpfergeist in jedem Lebewesen. Wir erschaffen unser Leben, wir sind was wir denken.

2. Das Gesetz des Ausgleichs

Harmonie zu erzeugen und eine ausgeglichene Situation herstellen. Geben und Nehmen gehören zusammen. Es sind die beiden entgegengesetzten Pole vom Energiefluss, die sich ausgleichen.

3. Das Gesetz des Karmas

Handlungen haben Ursachen und Wirkungen und erzeugen gutes oder schlechtes Karma. Das Karma wird dann in diesem oder im nächsten Leben abgearbeitet. Jede Handlung bleibt im Gedächtnis des Universums.

4. Das Gesetz der Resonanz

Gleiches zieht Gleiches an. So wie ich mich verhalte, so verhält sich mein Gegenüber. Gedanken, die ich aussende, gehen in Resonanz mit den Wünschen oder mit den Menschen, an die ich denke. Habe ich den Gedanken eine Gemeinschaftspraxis zu eröffnen, dann gehen die Gedanken in Resonanz mit dem Wunsch eines Menschen, der auch eine Gemeinschaftspraxis eröffnen möchte und man findet zusammen. Sende ich gedanklich Frieden in die Welt, dann treffen die Gedanken der Menschen zusammen, die sich auch Frieden wünschen und das Feld Frieden im morphogenetischen Feld wird immer größer. Auch trifft man immer öfter auf Menschen, die sich Frieden wünschen. Leider ist das aber auch genauso mit den Menschen, die sich Streit und Krieg wünschen.

5. Das Gesetz der Übereinstimmung

Wie es im Himmel ist, so ist es auch auf der Erde. Was im Kleinen gilt, gilt auch im Großen, innen wie außen. Das Geben und Nehmen muss ausgewogen sein.

6. Das Gesetz der Polarität

Alles hat einen Gegenpol. Tag und Nacht, hell und dunkel, männlich und weiblich, schwarz und weiß, laut und leise, schön und hässlich oder krank und gesund.

7. Das Gesetz der Schwingung

Alles im Universum ist in ständiger Bewegung und verändert sich permanent. Alles ist Schwingung und Energie.

Es gibt nur eine Erde und nur einmal den Menschen, aber viele andere Planeten und Wesen, die auch mit den Engeln kommunizieren und die universellen Gesetze anwenden.

Die Bücher von Pavlina Klemm „Lichtbotschaften von den Plejaden" sind Botschaften aus dem Universum. Die Plejaden, eine etwas höher entwickelte Zivilisation in einer anderen Dimension bzw. Wesen einer höheren Bewusstseinsebene, nehmen mit uns Kontakt auf, um uns in der Zeit des Übergangs zu helfen. Sie unterstützen uns, mehr helle Energien auf der Erde zu entwickeln und die Erde wieder zu dem zu machen, was sie eigentlich ist: „das Paradies."

Auch diese Wesen stehen in Kontakt mit den Engeln und akzeptieren Gott und die Christusenergie.

Mit dem 11. November 2016 (lt. Informationen aus dem genannten Buch) ist uns die Möglichkeit gegeben, uns an die Christusenergie anzubinden, die nun vermehrt auf unsere Erde zuströmt. Verstorbene, Engel und andere Zivilisationen, von anderen Planeten, sind um uns herum und helfen uns dabei, die dunklen Energien, die sich noch auf unserer Erde befinden, zu verdrängen. Der Umbruch ist da, wir sind aus der dritten Dimension auf dem Weg in die fünfte Dimension. Liebe und Freude kehren auf die Erde zurück. Wir werden die Gesetze des

Universums wieder in unser Leben integrieren und Mensch und Erde werden gesunden.

Es gibt nur eine Erde, die eine besonders schöne Kreation ist. Aber es gibt noch viele andere Planeten und Dimensionen, die ebenfalls bevölkert sind. Wir erhalten immer mehr Hinweise darauf. Ein direkter Kontakt ist jedoch noch nicht möglich, weil wir nur so viele Informationen erhalten, wie unser Geist es verkraften kann. Da jeder Mensch auf einer anders entwickelten Spiritualitätsstufe steht, bekommt er auch nur gemäß seiner Entwicklung Informationen.

Die Plejaden kommunizieren telepathisch mit den Engeln. Sie prophezeien uns, dass auch wir wachsen werden und diese uns abhandengekommene Möglichkeit wieder neu entwickeln.

8. Wie spricht man mit Engeln?

Mit Engeln spricht man wie mit einem lieben Freund, wenn man eine Bitte an ihn hat oder auch nur aus Freude oder Dankbarkeit. Wir behandeln die Engel und alle anderen hellen, lichtvollen Geschöpfe des Universums mit Respekt.

Wir bedanken uns bei einem Freund für seine Hilfe – also auch bei den Engeln. Die Anbetung aber gehört allein Gott.

Man kann auch folgende Worte sprechen:

Ihr Hüter des Lichtes Gottes, ihr Engel, erhört mich, schaut auf mich.

Ich möchte folgende Bitte an euch stellen:

_____

_____

In Dankbarkeit nehme ich eure Lösung an, die ihr mir vor Gott und zum Wohle aller ermöglichen könnt. Zeigt mir bitte den richtigen Weg zur Erfüllung meiner Bitte und lasst mich sehen und hören.

Danke.

Oder man kann die Engel wie folgt anrufen: Eines der bekanntesten Sprüche ist „Engel Gottes (Angele Dei)"

> Engel Gottes, mein Beschützer,
> Gott hat dich gesandt, mich zu begleiten.
> Erleuchte, beschütze, leite und führe mich.
> Amen.

> Angele Dei, qui custos es mei,
> me, tibi commissum pietate superna,
> illumina, custodi, rege et guberna.
> Amen.

> Amen bedeutet: So ist es, so soll es sein.

Wenn man beginnt, Kontakt mit Engeln aufzunehmen, sollte man sich das erste Mal etwas Zeit nehmen. Sanfte Musik, eine Kerze anzünden und die Gedanken auf die lichtvollen Engel richten (es gibt auch gefallene dunkle

Engel – wie Lucifer – den wir nicht ansprechen sollten). Stellen Sie sich vor, Sie stehen auf einer großen Wiese mit blühenden Blumen am Rand. Am Horizont entdecken Sie einen Regenbogen, der so tief herunterkommt, dass Sie bequem darauf spazieren können. Sie machen Ihre ersten Schritte darauf und entdecken am anderen Ende des Regenbogens Engel stehen. Ihr Schutzengel geht neben ihnen her, damit ihnen nichts passiert auf dem Regenbogen. Sie gehen weiter und weiter und haben das Ende erreicht. Jetzt stehen die Engel vor Ihnen und Sie tragen die Bitte vor oder kommunizieren einfach mit Ihnen. Bedanken Sie sich, dass Sie sie besuchen dürfen.

Engel sind immer in unserer Nähe und hören sofort unsere Worte. Bleiben Sie in der Formulierung immer positiv und liebevoll und denken Sie daran, dass Ihre Gedanken und Wünsche wahr werden können. Also überdenken Sie Bitten und Wünsche. Es werden niemals Wünsche erfüllt bzw. uns der Weg dazu gezeigt, die einer anderen Person schaden könnten. Zum Wohle der Allgemeinheit wird entschieden. Wir öffnen mit unserer Bitte ein neues Feld im morphogenetischen Feld und erhalten Hilfe durch die Engel, damit sich alles schneller bewegt. Wir müssen nur noch richtig hinhören und hinschauen. Die Engel helfen, uns dieses neue Feld des Wunsches zu vergrößern. Sie werden uns nie die Zukunft voraussagen oder Wünsche erfüllen – aber sie zeigen uns, wie wir selbst unsere Wünsche erfüllen und wie wir uns schützen können.

Wie antwortet ein Engel auf eine Frage?

Indem er Ihnen eine Intuition oder eine Vision eingibt oder indem er Ihnen einen Traum schickt. Manchmal hört man eine Stimme oder ganz selten erblickt man einen Engel real, der dann mit einem kommuniziert. Die Intuition kann so ausgelegt sein, dass man unbedingt noch in die Zeitung schauen muss, obwohl man sie schon gelesen hat. Das erste, was man dann sieht, ist die Antwort auf die Frage. Oder man geht einen Weg, den man nie geht. Auf diesem Weg sieht man ein Schild mit einem Wort. Das Wort ist die Antwort. Einige würden das wieder als Zufall abtun, andere sich bei den Engeln für den Hinweis bedanken. Manchmal nimmt man einen wunderbaren Blumenduft wahr, obwohl nirgendwo eine Blume in der Nähe ist. Es gibt nur einen Fall, in dem Ihr Engel auf Ihre Frage schweigt und zwar, wenn es sich um eine negativ formulierte Frage handelt oder die Frage darauf abzielt, anderen zu schaden.

Manchmal begegnen uns immer wieder die gleichen Zahlen. Die Engel wollen uns damit etwas sagen. Es ist ein Hinweis. Man stellt eine Frage und schon sieht man vor sich ein Auto mit einem Nummernschild, auf dem die immer wiederkehrende Zahl steht.

Ich habe mit den Engeln eine „Vereinbarung" getroffen, wie sie mich grüßen können. Ich grüße sie jeden Morgen und jeden Abend und die Engel lassen mich fast jeden Tag einen Blick auf die Uhr um 11.11 Uhr und 22.22 Uhr werfen. Jedes Mal, wenn ich dann die Zahlen auf der Uhr entdecke, wird es mir warm ums Herz. Ich weiß dann, dass sie bei mir sind. Wenn irgendwann meine Zeit gekommen ist, werde ich mich in meinen Lieblingssessel setzen, die Arme ausstrecken und warten, dass mein Schutzengel mich hinüberholt.

Wenn Trauer dein Herz umgibt,
rufe mich, flüstere mir ins Ohr,
ich bin ganz nah bei dir,
ich komme durch das Tor
des Lichts und umarme dich,
ich lege dir beide Flügel um deinen
Körper und gebe dir Lebensenergie,
um den Fluss des Lebens zu erhalten,
bis das Leben an Tagen so zahlreich,
die Beine zu müde und das Herz zu schwach
und ich dich hinüberhole durch das Tor ins Licht.

Die Schrift und Sprache der Engel

Die Bibel spricht von „Engelszungen" und deutet damit an, dass auch Geistwesen eine Sprache haben und miteinander kommunizieren können. Gott hat Engel beauftragt, mit Menschen zu kommunizieren. (1. Korinther 13, Vers 1)

Da den meisten Menschen es nicht möglich ist, telepathisch mit den Engeln in Kontakt zu treten, steht uns auch ein Alphabet zur Verfügung, um mit Engeln zu kommunizieren. Es ist leichter die Hinweise zu deuten, wenn wir irgendwo nach einer Frage die Antwort in Form des Engelalphabets auf Fotos oder auf dem Spiegel wiederfinden.

Ich habe solche Zeichen schon fotografieren dürfen. Die Zeichen sind durch das Fotografieren spiegelbildlich zu sehen.

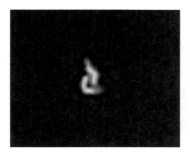 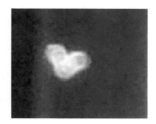

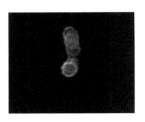
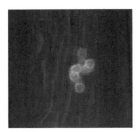

Die Deutungen sind vielfältig im Internet zu finden. Es gibt unterschiedliche Schriften, die im Mittelalter übermittelt wurden.

Magi:

Theban:

Enochian:

9. Meine und die Erfahrungen von anderen Menschen mit Engeln (oder Zufällen?)

Christel Oostendorp:

Dem Tode so nah

Als meine Mutter 1937 mit meinem ältesten Bruder schwanger war, konnte sie vom ersten bis zum letzten Tag der Schwangerschaft keine Nahrung bei sich behalten. Meine Mutter war eine kleine zierliche Frau, die schon im dritten Schwangerschaftsmonat ins Krankenhaus musste, weil das tägliche Erbrechen sie sehr geschwächt hatte. Im 5. Monat stand dann fest, dass Mutter und Kind das nicht überleben werden. Sie stellte drei Anträge auf Abbruch, die im 6. Monat noch immer nicht genehmigt waren. Eines Tages kam eine Krankenschwester – eine Ordensfrau - in das Mehrbettzimmer und schob das Bett meiner Mutter in ein Badezimmer, stellte eine Kerze auf und fragte sie, ob sie einen besonderen Wunsch hätte. Da meine Mutter immer noch keine Nahrung bei sich behielt, war die Liste kurz. Meine Mutter wollte schon immer mal einen Cognac probieren. Nach einer knappen halben Stunde kam die Ordensfrau mit einem Schlückchen Cognac zurück. Meine Mutter nippte nur daran und schloss augenblicklich die Augen. Das kostbare Getränk verschüttete sie ganz langsam über ihren Bauch. Sie fühlte, dass ihre Zeit abgelaufen war. Ihr war heiß geworden und ihr Zimmer erhellte sich immer mehr. Sie hatte das Gefühl, dass in dieser Helligkeit (Sie hatte die Augen geschlossen) Umrisse von Gestalten zu sehen waren. Eine Leichtigkeit kam auf und sie sah sich aus dem Bett steigen mit einem Baby auf dem Arm. Von fünf Tropfen Cognac konnte sie nicht so betrunken gewesen sein, dass es ein schöner Rauschtraum gewesen war. Dann riss alles ab. Als sie erwachte, war sie wieder in einem Krankenzimmer mit anderen Frauen und eine Ordensfrau schaute sie grimmig an und sagte kühl: „Es war ein Junge, wir haben ihn Josef getauft." Da er erst 6 Monate alt war, hat sie ihn nicht sehen dürfen. Er wurde irgendwie entsorgt und man gab ihr die Schuld am Tod des Kindes.

Ein Arzt kam noch am gleichen Tag zu ihr und erklärte ihr, was geschehen war. Die Genehmigung zum Abbruch kam an dem Tag, als man sie zum Sterben in das Badezimmer schob. Niemand hatte damit gerechnet, dass sie den Abbruch überlebt. Sie war so gut wie tot. Deshalb sah sie sich auch mit dem Kind auf dem Arm aus dem Bett steigen. Sie selbst tat dieses Bild später als Traum ab.

Ihr erstes Essen nach dem Abbruch konnte meine Mutter wieder genießen. Abgemagert bis auf die Knochen verließ sie 2 Wochen später das Krankenhaus. Die Ordensfrauen sprachen kein Wort mehr mit ihr, weil sie nicht zusammen mit dem Kind in den Tod gegangen ist. Meine Mutter und mein Vater haben den Verlust ihres einzigen Sohnes nie ganz überwunden. Noch nach 30 Jahren wurde darüber gesprochen.

Mechthild Schültingkemper:

Schwerer Unfall (wortwörtliche Wiedergabe)

Als ich fünf Jahre alt war, passierte ein furchtbarer Unfall. Ich wuchs auf einem Bauernhof mit vielen Geschwistern auf. Wir waren glücklich, viel Platz und viele Möglichkeiten zum Spielen zu haben. So kletterten wir überall herum. Es war wirklich schön, so frei und ungebunden spielen zu können. Kein Auto oder andere Fahrzeuge behinderten uns beim Spielen.

Eines Nachmittags geschah etwas Schreckliches. Es war die Zeit der Heuernte. Meine Eltern hatten Heu auf einen Wagen geladen. Nun sollte das Heu auf den Heuboden gehievt werden. Mit einer Heugabel schob mein Vater das Heu in die obere Etage der Scheune.

Einige Kinder wollten helfen, das Heu nach hinten zu bringen. Ich war auch dabei. Mein Vater hob das Heu nach oben und ich rannte dem Heuballen entgegen, um ihn nach hinten zu bringen. Mit der Heugabel traf mein Vater mein Gesicht. Eine Spitze drang 10 Zentimeter lang in mein Auge und verletzte mein Gehirn schwer. Wie durch ein Wunder blieb mein Auge unverletzt, denn die Heugabel drang von der Ecke des Auges in meinen Kopf.

Ich lag bewusstlos auf dem Heuboden. Als mein Vater merkte, dass oben etwas passiert war, brachte er mich schnell ins Haus. So schnell wie möglich fuhren meine Eltern mich ins Krankenhaus.

Ich wurde kurz wieder wach, als meine Mutter mit mir im Warteraum saß. Ich wunderte mich, dass ich mit ihr in einem gekachelten großen Raum saß. Ich weiß noch, dass ich sie fragte, warum sie mit mir hier saß. Sie erklärte mir, dass ich schwer verunglückt war. Ich sah Mutters besorgtes Gesicht. Kurze Zeit später fiel ich wieder in die Bewusstlosigkeit.

Bald wurde ich zur Untersuchung in das Arztzimmer gebracht. Der Arzt röntgte meinen Kopf und sah eine schwere Blutung im Gehirn.

Er machte meiner Mutter keine Hoffnung und sagte: „Ihr Kind wird sterben. Wir können nichts mehr machen. Fahren Sie nach Hause und kümmern Sie sich um die anderen Kinder! Wir sorgen uns um Ihre Tochter heute Nacht."

Die Pfleger brachten mich weg, nicht in ein normales Krankenzimmer, sondern in einen Abstellraum. Ich würde ja sterben. Außerdem war ich weiter in tiefer Bewusstlosigkeit. In dieser Nacht kämpfte ich wohl mit dem Tod. Ich sah mich von oben da liegen. Ich war ganz allein. Niemand war da. Plötzlich merkte ich, dass ein seltsames Wesen mich lange ansah. Ich kannte dieses Wesen nicht. Es sah wie ein Mensch aus. Nach einiger Zeit lächelte es mich an und verschwand wieder. Danach sah ich mich nicht mehr liegen. Ich schlief in tiefer Bewusstlosigkeit.

Am nächsten Morgen kam meine Mutter wieder. Sie war entsetzt, dass ich im Abstellraum lag. Verzweifelt saß sie an meinem Bett und betete. Es dauerte wohl drei Tage, als ich aus der tiefen Bewusstlosigkeit erwachte. Die Ärzte und Pfleger waren sehr erstaunt, dass ich noch lebte und immer munterer wurde.

Ich wurde in ein normales Krankenzimmer gebracht, in dem viele Frauen lagen. Von Tag zu Tag ging es mir besser. Die Blutung im Kopf hatte schon lange aufgehört und wurde ohne Zutun der Ärzte abgebaut. Ich lag drei Wochen im Krankenhaus, sehr zur Freude meiner Mitpatientinnen. Sie mochten wohl ein kleines zartes Mädchen.

Nach diesem Krankenhausaufenthalt kehrte ich gesund und munter nach Hause zurück. Nichts war von meinem Unfall zurückgeblieben.

Ich bin sicher, dass ein Engel mir in der Stunde der Entscheidung zwischen Leben und Tod beistand. Vielleicht hat er mir geholfen, mich dem Leben zuzuwenden.

Vera Lohbeck:

Tochter verhindert Unfall (wortwörtliche Wiedergabe)

„Vor fast 11 Jahren verunglückte meine Tochter gemeinsam mit ihrem Freund auf der A2. Der Freund hatte so schwere Verletzungen, dass er daran verstorben ist. Meine Tochter hatte, obwohl sich das Auto mit erhöhter Geschwindigkeit überschlagen hatte, nur ein paar Splitter im Arm. Sonst nichts! Ca. 2 Jahre später fuhr ich ungefähr an dieser Stelle Richtung Hannover und dachte natürlich an das Unglück, den Freund und an seine Familie und wie viel Schutzengel meine Tochter hatte. In dem Moment klingelte mein Handy. Meine Tochter hatte versucht mich anzurufen. Ich fuhr auf den nächsten Parkplatz, um mit ihr Kontakt aufzunehmen. Danach setzte ich die Fahrt fort. Nur wenige Kilometer weiter kam es zu einem Stau mit völligem Stillstand. Durch die „stille Post" der Autofahrer kam die Info: Eine Fußgängerbrücke ist auf die Autobahn gestürzt. Es gab Gott sei Dank keine Verletzen. Mir kam in den Sinn: Vielleicht hätte ich ohne den Stau ja diese Stelle passiert. Ich glaube, dass meine Tochter mein Schutzengel war."

Interview mit Lorna Byrne:

Tod der Mutter (Auszug aus dem Engelmagazin 9/2017 übernommen)

Lorna Byrne, eine bekannte Schriftstellerin, hat seit ihrer Kindheit Kontakt zu Engeln. In einem Interview mit dem Engelmagazin redet sie über den Tod ihrer Mutter.

„Gott hat meine Mutter nach Hause in den Himmel geholt, als sie 80 Jahre alt war. Ich vermisse meine Mum", sagt Lorna Byrne. Sie sah den Schutzengel ihrer Mutter an ihrem Krankenbett, als der Moment gekommen war: „Ihr Schutzengel hielt die Seele meiner Mutter nicht nur in seinen Händen. An diesem Tag hatte er seine Arme vielmehr komplett um die Seele meiner Mutter gelegt und hielt seine Hände verschränkt. Es wirkte so, als läge der Schutzengel mit ihr in ihrem Bett. Er sagte zu mir: Es wird nun nicht mehr lange dauern, Lorna. Ich werde deine Mutter in den Himmel bringen."

Andreas:

Pilot auf Europaflug sieht etwas Außergewöhnliches

(sinngemäße Wiedergabe)

Ich war auf einem meiner Flüge innerhalb Europas. Es war so in der Abenddämmerung, als ein unbekanntes Flugobjekt oberhalb unserer Maschine in raschem Tempo an uns vorbeirauschte. In dem Moment sagte ich: „Oh Gott jetzt musst du uns aber einige deiner Helfer schicken!" Da hatte ich das Gefühl, das Ding auf der anderen Seite noch einmal kurz gesichtet zu haben. Mein Copilot hatte, nachdem ich ihm die erste

Erscheinung mitgeteilt hatte, aufmerksam den Luftraum beobachtet und diese 2. Sichtung bestätigen können. Danach kam nichts mehr und er sah auch nicht das helle Licht im Cockpit, was mir wohl mitteilen sollte: „Alles klar, Helfer sind da!" Ich kann nicht sagen, ob es sich um ein UFO gehandelt hat und auch nicht, ob dieses helle Licht im Cockpit ein Engel war. Ich kann nur sagen, dass es eine sehr ungewöhnliche Begebenheit war. Meine Nachforschungen, ob irgendein Tower etwas aufgezeichnet hat, verliefen erfolglos. Wenn nicht mein Copilot auch etwas mitbekommen hätte, wäre das unter: „Hab mich wohl geirrt!" abgehakt worden.

Maria Kühner:

Fußball (wortwörtliche Wiedergabe)

Im Mai 2010 bin ich mit einem guten Freund und seinem Bekannten ins Altmühltal gefahren, um gute Bekannte zu besuchen. Unsere Fahrt dorthin ging an vielen Rapsfeldern vorbei, die einen wunderschönen Anblick boten. Dort angekommen verbrachten wir einen tollen, spaßigen Abend. Am anderen Morgen überlegten wir, was wir machen sollten und unternahmen eine Schiffstour. Am Nachmittag um 14 Uhr sagte einer der

Männer: „ Wir könnten doch nach München fahren zum Public Viewing. Das Spiel Inter Mailand gegen Bayern München wird in Mailand ausgetragen und in München per Großleinwand übertragen." Wir überlegten nicht lang, besorgten Bahnkarten und fuhren schon in einer Stunde mit unseren Freunden zu fünft los. Alles klappte gut. Im Zug erst erfuhren wir, dass wir Eintrittskarten benötigten, diese aber von Geschäftsleuten und Banken in München an Kunden verschenkt worden sind. Wer keine bekommen hatte, kam nicht ins Stadion.

Das war für uns keine gute Nachricht, zumal wir schon bald in München waren. Einer von uns meinte, dass da bestimmt Leute sind, die ihre Karten für Geld verkaufen.

In München angekommen, sind wir mit ganz vielen Fans in die U-Bahn gestiegen. Man wurde fast erdrückt, aber alle hatte gute Laune. Viele hatten Trikots an und Fahnen in der Hand. Ich erlebte diese Atmosphäre das erste Mal. Wenn da nicht die Sorge um die Eintrittskarten gewesen wäre, wäre alles super gewesen.

 Von der U-Bahn aus hatten wir noch einen weiten Weg bis zum Stadion. Schon von weitem sahen wir die gigantische Arena. Wir wussten immer noch nicht, wo wir die Karten her bekommen. Da kamen uns auch schon die ersten jungen Leute entgegen, die ihre Karten für 15 oder 20 Euro anpriesen. Das war uns egal, weil wir unbedingt ins Stadion wollten. Das Problem war nun, dass wir auch noch zusammen in einen Block wollten.

Die Anbieter hatten eine Karte für Block B, die anderen zwei für Block G, und so ging es weiter. Unsere Verzweiflung wurde immer größer. Keine fünf Karten in einem Block. Wir standen kurz vor der Sperre, da fiel mir ein, dass ich die Engel um Hilfe bitten könnte.

Mein Freund lief neben mir, als ich ihm sagte, dass er meine Hand nehmen solle, weil mein Bitten während des Weiterlaufens mit geschlossenen Augen passieren musste. Ich schloss also die Augen und ließ mich führen. Ich bat meinen Engel: „Bitte, bitte lieber Engel, ich brauche fünf Karten in einem Block. ich ließ es schweigsam durch meinen Kopf gehen, und ich bedankte mich für die Hilfe. Dann schlug ich meine Augen wieder auf und sah zehn Meter vor uns einen Mann mit fünf Karten in der Hand stehen. Wir fragten ihn sofort nach dem Block und er sagte: „Block G."

Mein Freund fragte nach dem Preis und der Fremde antwortete: „NICHTS. Ich wünsche noch viel Spaß." Er drückte uns die Karten in die Hand und verschwand. Ich glaube, mein Verstand ist einen Augenblick stehen geblieben. Ich konnte es nicht fassen, ich habe getanzt, gelacht und geweint. Ich habe mich immer wieder bei den Engeln bedankt.

Bayern München hatte das Spiel verloren!

Aber das war alles nicht schlimm. Neben mir im Stadion saßen zwei Fans, die haben mir die Bayern-Fahne und Bayern-Kappe geschenkt. Mein glückliches Gefühl darüber, dass die Engel mich erhört haben, ist wohl zu den beiden übergeschwappt. Die Engel sind die ALLERBESTEN. Ich liebe sie.

Christel Oostendorp:

Engelerscheinung

Engel zeigen sich auf vielfältige Weise. Ich durfte einmal den Erzengel Michael fotografieren. Er zeigte sich als Orb. Orbs sind Lichtkugeln, die häufig auf Fotos zu sehen sind, obwohl man nur ein Landschafts- oder Familienfoto machen wollte. Einige Menschen denken heute noch, dass die Linse unsauber war oder irgendwelche Lichtreflexe eingefangen wurden. Mittlerweile fotografieren aber Tausende von Menschen Orbs. Gewollt oder ungewollt. Ich hatte dieses Foto vor Jahren mal gemacht und wusste nicht so recht, wer oder was das war. Das Büro von Diana Cooper, einer erfolgreichen Schriftstellerin, bestätigte mir das Bild mit folgenden Worten:

Dear Christel

It is Archangel Michael bringing protection, courage and strength

Love and Angel Blessings

Franziska Siragusa

DC Orb Team

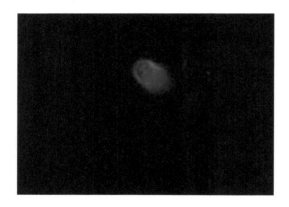

Das soll der Erzengel Michael sein

Dr. Klaus Heinemann, Diana Cooper, Ed Vos und viele andere haben über dieses Thema Bücher geschrieben, um den Menschen die Präsenz anderer Energien aus anderen Dimensionen auf Erden darzulegen. Jeder Mensch, der sich den Kontakt zu Orbs wünscht, kann ihn erlangen. Nicht Neugierde, sondern der tiefe Wunsch, mehr über die anderen Dimensionen zu erfahren, der tiefe Wunsch, Kontakt zur verstorbenen Mutter oder einem anderen lieben Verstorbenen zu haben, bringt sichtbaren Kontakt in Form von Energiekugeln (Orbs), bringt die ersten Orbs in Ihre Nähe. In den Orbs zeigen sich auch Engel in der Gestalt, wie wir sie erkennen können.

In der Bibel unter 1. Korinther 15, Vers 6 steht, dass Jesus sich nach seinem Tod noch vielen Anhängern zeigte. Er manifestierte sich. Es gibt also ein Leben nach dem Leben - nicht nur für Jesus.

Viele Orbs in unserem Haus

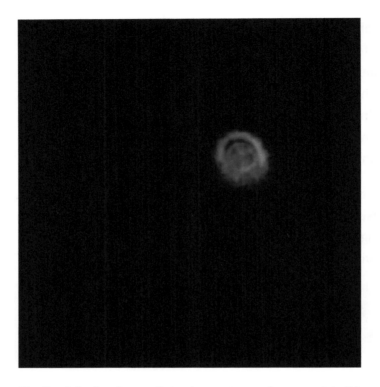

Ein Gesicht in einem Orb, das gut zu erkennen ist. Dieses Foto habe ich einmal in unserem Haus aufgenommen. Hier zeigt sich ein Verstorbener.

Christel Oostendorp:

Tod der Schwester

2004 musste meine älteste Schwester diese Erde verlassen. Zwei Tage vor ihrem Tod saß ich vor ihrem Bett und war sehr traurig. Sie war durch die Schmerzmittel wie betäubt und versuchte immer, das Bett zu verlassen. Meine Schwester schaute an meinem Kopf vorbei und streckte auch ihren Arm in diese Richtung. Immer wieder versuchte sie, an meinem Kopf vorbeizugreifen und aufzustehen. Auf einmal wurde es mir ganz warm uns Herz. Eine unglaubliche Liebe erfüllte das Krankenzimmer und sie sagte: "Papa!" Ich spürte hinter mir rechts und links eine Präsenz, die mich mit Liebe einhüllte und mich sofort und noch Stunden danach in eine Art Glückrausch versetzte, obwohl der Anlass so traurig war. Mein Vater stand links hinter mir und ein Engel rechts hinter mir. Beide warteten auf meine Schwester.

Christel Oostendorp:

Sohn aufgefangen

Als mein ältester Sohn 14 Monate alt war, spielte er auf einer Decke im Wohnzimmer, und ich lief schnell in den Keller, um Wäsche aufzuhängen. Irgendwie hatte er es geschafft, dass Sicherheitstörchen zu den Kellertreppen zu öffnen und stürzte die Treppe hinunter. Irgendwer oder irgendwas drängte mich dazu, nach dem Rechten zu schauen, und ich konnte meinen Sohn gerade noch auffangen, bevor er in hohem Bogen auf den Boden aufgekommen wäre. Was hat mich dazu getrieben, war es Mutterinstinkt oder hat mir da jemand etwas zugeflüstert?

Christel Oostendorp:

Tanz mit einem Begleiter oder Engel?

Ein Jenseitsmedium hatte mir mal mitgeteilt, dass ich ständige Begleiter hätte. Selene, eine Frau, und Magnus, einen Mann, den ich mir wie einen Seemann mit wuscheligem Haar vorstellen müsste. Diese beiden, die schon einmal auf der Erde gelebt hätten, wären meine Berater und Begleiter für eine gewisse Zeit.

Ich wollte Selene und Magnus kennenlernen und fotografierte sie als Orb. Dann machte ich Musik an, stellt mich in Tanzpose und fragte: „Wer tanzt mit mir?". Der Selbstauslöser der Kamera klickte und ich staunte, als ich das Foto sah.

Man sieht vor meinem Gesicht ein Gesicht eines Mannes und er legt seine Hand in meine Hand. Ich bin nur noch halb zu sehen, weil die Lichtgestalt vor mir steht und sich die Materie zum Teil durch die Energie auflöst. Zufall?

Hier ein später gemachtes Foto, auf dem Selene und Magnus (meine beiden Begleiter für eine gewisse Zeit) hinter mir als Orb zu sehen sind und oben drüber eine andere Lichterscheinung.

Louisa Kerner:

Nahtoderfahrung (wortwörtliche Wiedergabe)

Als ich 2001 in einen Unfall verwickelt wurde, klemmte ich in meinem kleinen Auto fest. Die Feuerwehr musste mein Auto aufschweißen, bevor man mich bergen konnte. Ein Mann sprach die ganze Zeit mit mir, während der andere sich am Auto zu schaffen machte. Irgendwann sah ich das Auto aus einer anderen Perspektive. Ich sah mich im Auto eingequetscht und die beiden Männer ganz in meiner Nähe. Ein Krankenwagen stand etwas hinter meinem Auto. Einige Menschen standen auf der Straße und zwei weitere demolierte Autos waren zu sehen. Ich spürte keine Schmerzen sondern fühlte mich leicht wie noch nie zuvor. Auf einmal dachte ich an meine vor 4 Jahren verstorbene Mutter und augenblicklich sah ich sie. Sie kam auf mich zu – in dieser Höhe über dem Geschehen. Sie umarmte mich und wies mit der Hand hinter mich. Da stand eine große Lichtgestalt. Das Gesicht und die Umrisse des Körpers waren kaum erkennbar, so sehr leuchtete sie. Diese Lichtgestalt nahm mich an die Hand und augenblicklich befand ich mich wieder auf dem Boden. Man hatte mich zwischenzeitlich aus dem Auto befreit und ich lag auf einer Krankenliege. Ärzte kümmerten sich um mich. Seit diesem Ereignis spüre ich die Anwesenheit von lichtvollen Energien und verstorbenen

Seelen. Ich kam einmal in mein Wohnzimmer und sah für einen Bruchteil einer Sekunde meine Mutter auf meinem Sofa sitzen und ein anderes Mal machte ich in meinem Bett die Augen auf und erblickte vor meinem Bett eine Lichtgestalt. Ich denke, es war mein Schutzengel, den ich während meiner Nahtoderfahrung kennenlernen durfte. Hoffentlich reißen diese Kontakte niemals ab. Die kurze Erfahrung der grenzenlosen Freiheit und Liebe ist unbeschreiblich, auch wenn der Unfall keine Kleinigkeit gewesen und heute noch nicht ganz ausgeheilt ist. Vor dem Tod habe ich keine Angst mehr.

Christel Oostendorp:

Anmerkung zur Nahtoderfahrung

Warum wollte bisher kein Mensch mit Nahtoderfahrung zurück ins Hier und Jetzt? Ist es das Gefühl des inneren Friedens, der Leichtigkeit? Ist es die Vereinigung mit den höheren Mächten, evtl. den Engeln und die Zusammenkunft mit lieben Verwandten, die schon auf der anderen Seite warten? Einmal diese universelle Energie gespürt, verändert sich das „neue" Leben nach dem Zurückkommen nachhaltig. Der Mensch wird spiritueller.

Warum haben viele Menschen Angst vor dem Tod? Nicht der Tod ist Angst einflößend, sondern der Weg dorthin, das Leid bis zum Tod. Keine Mutter möchte ihre kleinen Kinder allein zurücklassen, weil sie nicht weiß, dass sie von der anderen Seite aus ein Auge darauf halten kann, und die Kinder wissen nicht, dass sie über ihre Gedanken mit der Mutter immer noch in Verbindung treten können. Sie wissen nicht, dass sie durch die Kraft ihrer Gedanken ihre Zukunft selbst gestalten können – auch ohne Mutter. Wir selbst, mit unserem freien Willen, sind schöpferisch tätig. Lass ich dem Leid freien Lauf, wird immer mehr Leid auf mich zukommen. Wenn wir uns dessen bewusst werden, dann erfahren wir den Tod eines lieben Angehörigen als vorübergehendes „Nichtsehen" und können aber noch per „SMS" miteinander in Verbindung treten. Die Trauer wird uns erleichtert.

Christel Oostendorp:

Aura sehen

In einem meiner Seminare hielten wir uns etwas länger beim Thema Aura auf. Eine Teilnehmerin wollte versuchen, mit Hilfe der Quantenheilung, mit Hilfe der ausgelösten Welle, eine Aura sichtbar zu machen. Wir dunkelten leicht ab und gaben die Information „Aurafarben intensivieren und „für das Auge sichtbar machen" ein. Nichts geschah. Ich bat die Engel, diesem Experiment beizuwohnen und Energien einfließen zu lassen. Danach wiederholten wir das Experiment. 3 von 12 Teilnehmern, darunter auch ich, nahmen um die Person, deren Aura sichtbar werden sollte, einen leichten Schimmer wahr. Auch ich wollte schon lange mal eine Aura mit dem bloßen Auge erblicken. Ich dankte den Engeln für das gelungene Experiment.

Sybille Rath:

Auto streikte in der Einöde (wortwörtliche Wiedergabe)

Es war im Februar 2004, als ich mit meinem alten Auto auf dem Weg zu meinem Bruder in Bayern war. Ich hatte kein Navi und kein Handy, war aber frohen Mutes, mit meinem Fahrplan auch das Ziel zu erreichen. Gegen 21.30 Uhr streikte mein Auto ca. 50 km vor dem Ziel in der Einöde. Ich hatte überhaupt keine Ahnung, woran es liegen konnte, machte die Warnblinkanlage an und stieg aus. Es war bitterkalt und Minute für Minute verging, es kam kein Auto vorbei. Es vergingen 2 Stunden und es kam immer noch kein Auto. Es hatte auch keinen Sinn auszusteigen und zu laufen, weil ich nicht wusste, wo ich mich befand. Da fiel mir in meiner großen Not ein, dass man ja auch mal beten könnte. Vielleicht rufe ich meinen Schutzengel, bevor ich erfriere, dachte ich. Mir war so bitterkalt und meine Tränen liefen mir nur so die Wangen hinunter.

„Lieber Schutzengel, wenn du mich hörst, bitte, bitte, lass einen Helfer kommen. Ich kann hier nicht bleiben, weil ich sonst erfriere, Durst und Hunger habe ich auch. Ich habe viele Jahre nicht an dich gedacht, sei bitte nicht beleidigt. Hilf mir bitte." Ich weinte und weinte.

Immer wieder sagte ich: „Hilf mir bitte, mein Schutzengel!"

Es vergingen ca. 20 Minuten, als ein Auto an mir vorbeifuhr, dann aber bremste, anhielt und eine Frau ausstieg. Es war eine junge, gutaussehende Frau, die für diese Jahreszeit nicht unbedingt warm angezogen war. Sie sah, wie aufgelöst ich war und fragte mich:" Kann ich

Ihnen helfen, kann ich sie irgendwohin mitnehmen?" Ich erzählte ihr, dass mein Auto keinen Mucks mehr von sich gab und ich vorsichtshalber auch immer wieder die Warnblinkanlage ausgeschaltet hatte, damit nicht auch noch die Batterie leer ging. Sie fragte mich: „Darf ich mal versuchen?" „Gerne", antwortete ich und ließ sie einen Versuch starten. Sie nahm den Schlüssel aus dem Zündschloss und steckte ihn dann wieder hinein. Drehte den Schlüssel um und das Auto sprang an. Ich hatte es so oft versucht und nichts erreicht. Da kam diese Frau und unternahm einen Versuch und das Auto sprang an. Sie versprach, noch eine Weile vor mir herzufahren, bis ich mich wieder auf einer mehr befahrenen Straße befand und bog dann irgendwann ab. Ich kam noch diese Nacht bei meinem Bruder an. Seit dieser Zeit glaube ich an Engel.

Christel Oostendorp:

Familienaufstellung

Bei einer Familienaufstellung hatten wir in der Familie der Aufstellerin schon viel gelöst, aber eine Person im System schaute immer noch auf den Boden. Ich habe mir angewöhnt, erst aufzuhören, wenn es ein wirklich gutes Bild ergibt und alle aufgestellten Personen zufrieden sind. Jetzt wusste ich nicht mehr weiter und bat die Engel um Hilfe. Es verging keine Minute, da sah ich diese Person vor meinem inneren Auge doppelt. „Ahhh", sagte ich und stellte eine zweite Person zu dieser Person mit den Worten: „ Diese Person gehört zu dir." Augenblicklich fing die erste Person an zu weinen und sagte: Ja, jetzt bin ich komplett." Es war ihr Zwilling, der schon ganz früh im Mutterleib verstarb und sie sich deshalb während ihres ganzen Lebens immer einsam fühlte. Jetzt konnte die Familienaufstellung abgeschlossen werden und wirken.

Jede 10. Schwangerschaft ist eine Zwillingsschwangerschaft, die aber meistens früh endet und nicht bemerkt wird. Die Seele des zurückbleibenden Zwillings hat aber einen Verlust erfahren.

Hanne:

Luzides Träumen (wortwörtlich Wiedergabe)

Erst einmal zur Erklärung: Luzides Träumen wird auch als "Klarträumen" bezeichnet. Bei einem Luziden Traum oder Klartraum handelt es sich um Träume, bei denen der Träumende weiß, dass er träumt.

Ich hatte immer schon Träume und Albträume, aber irgendwann änderte sich das und ich träumte oft luzid. Einen meiner Träume möchte ich Ihnen erzählen: Es fing damit an, dass ich mich an einem Seeufer sah. Ich hatte bloße Füße und einen Schlafanzug an und fühlte den Boden unter meinen Füßen. Er war feucht und kalt. Ich konnte den Geruch wahrnehmen, der morgendlichen Natur und den leichten Wind. So bekleidet stieg ich langsam ins Wasser. Das Wasser war erfrischend, aber nicht kalt. In dem Traum durchschwamm ich den ganzen See und wurde dabei nicht müde. Am andern Seeufer stand eine Gestalt, die eine helle Aura um sich herum hatte. Sie lächelte mich an und sagte: „Du bist ja schon wieder hier. Dein Rücken stabilisiert sich bereits. Du musst nicht mehr häufig den See durchschwimmen!" Die Gestalt drehte sich um und verschwand. Danach endet der Traum auf dieser Ebene. Am Morgen erwachte ich und merkte in den Oberarmen und im Rücken einen leichten Muskelkater. Mein Rücken machte mir seit Monaten Schwierigkeiten, aber seit ich diese Träume im See habe, regenerierte er sich langsam. Wer war diese Gestalt und habe ich den See wirklich durchschwommen auf einer anderen Ebene?

Gaby:

Nahtoderfahrung (sinngemäße Wiedergabe)

Vor einigen Jahren erhielt ich bei einer kleinen OP eine Periduralanästhesie. Es kam zu Komplikationen, weil die Spritze unfachmännisch gesetzt wurde. Selten kommt es vor, aber es kommt vor. Ich war einen Augenblick tot. Ich schwebte über dem OP-Tisch und sah mich gleichzeitig auf dem Tisch liegen. Alle Anwesenden waren in großer Hektik – außer mir. Ich fühlte mich so gut wie noch nie in meinem Leben. Es war sehr hell um mich herum, so dass es mich fast blendete. Irgendwas zog mich wieder in meinen Körper. Ich sträubte mich; ich wollte nicht zurück. Das nächste, was ich dann noch weiß, ist, dass ich auf der Intensivstation wieder aufwachte. War dieses grelle Licht die Energie eines Engels?

Christel Oostendorp:

Die Reise mit den Engeln auf die Insel Kreta

Im Sommer 2017 haben mein Mann und ich uns entschlossen, unseren Sommerurlaub auf Kreta zu verbringen. Ich bat die Engel – in Bezug auf das Buch, was entstehen sollte – mich auf dieser Reise zu begleiten nach dem Motto: Wenn einer eine Reise tut, dann kann er viel erzählen. Kreta hat eine besondere Energie. Viele Kraftplätze sind vorhanden und es läuft alles ruhig und gelassen zu. Noch nie habe ich an einem Urlaubsort so eine Energie wahrgenommen. Vielleicht hat aber auch die Anwesenheit der Engel dazu beigetragen.

Ich wollte alle „Zufälle" näher betrachten und notieren und stellte mir vor, dass Engel immer in unserer Nähe sind. Als wir am Flugplatz ankamen, standen schon einige Leute vor dem geschlossenen Schalter zum Check-in. Wir hatten keine Plätze reserviert und hofften auf Plätze weit im vorderen Bereich, was aber kaum noch möglich erschien. Der Schalter wurde geöffnet und die ersten Passagiere konnten ihre Bordkarten abholen. Plötzlich kam eine gut gelaunte junge Angestellte und wollte den nächsten Schalter Nr. 135 öffnen. Sie winkte mich aus der Reihe. Ich konnte an dem Schalter noch die Plätze 5 e und f ergattern.

Auf Kreta angekommen, ging die Kofferausgabe sehr flott und wir steuerten auf unseren Bus zu, der uns zu unserem Hotel bringen sollte. Die ersten Plätze vorn waren wieder unsere. Ohne große Wartezeit ging es auch los. Der erste Urlaubsort wurde angesteuert, den wir nach einer knappen Stunde erreichten. Die Gäste wurden an verschiedenen Hotels abgesetzt und weiter ging es. Ich hörte den Fahrer telefonieren und verstand nur Taxi Sitia Beach. Aha dachte ich, mit dem Taxi soll es weitergehen. Der Bus steuerte auf eine Tankstelle zu und wir wurden gebeten, den Bus zu verlassen. Ein Taxi wartete auf uns, in dem schon zwei Fahrgäste für das gleiche Hotel saßen. 5 Personen, vier Koffer und 2 Rucksäcke mussten nun verstaut werden, die der Mercedes aber nicht fassen konnte.

Kein Problem, ich saß in der Mitte auf der Rückbank – ein Bein links, ein Bein rechts, neben die Füße der anderen Personen hinten abgestellt und der Kofferraum wurde einfach aufgelassen und die Ladung mit einem Seil gesichert. Ich dachte nur: Humor haben die Engel, denn wir fuhren nun 1 ½ Stunden nur noch Serpentinen bis zum Hotel. Die Ladung und auch wir immer hin- und hergeschaukelt.

Wir schaffen es, im Hotel noch einen Wein und ein Sandwich zu bekommen, um dann todmüde ins Bett zu fallen. Das Zimmer war natürlich ein ruhig gelegenes mit einer super Aussicht auf Meer und Pool – wie wir es uns gewünscht und bestellt hatten. Am nächsten Morgen nahm ich eines der kleinen Proben Pafümfläschchen aus meiner Kosmetiktasche und erwischte eins mit dem Aufdruck ANGEL, was mir ein Lächeln entlockte. Ich hatte wahllos zuhause einige Fläschchen eingepackt – ohne zu wissen, dass auf eines der Aufdruck Angel war.

Auf die Bitte nach einer zweiten Türschlüsselkarte wurde mir eine Karte mit dem Aufdruck APOLLONIA, den Namen meiner Oma, ausgehändigt. Alle anderen Karten hatten keinen Aufdruck. Diesen „Zufall" wertete ich auch als Hinweis. Meine Oma, die Mutter meiner Mutter, war eine sehr gläubige Frau. Wenn sie mit dem Hitlergruß begrüßt wurde, antwortete sie: „Gelobt sei Jesus Christus." Sie fühlte sich stets geschützt durch Jesus Christus und die Engel. Sie wurde nie verhaftet.

Im Zimmer fragte ich die Engel, wer mich denn auf dieser Reise begleitet, und konnte im Zimmer zwei gut zu erkennende Orbs mit Gesichtern fotografieren. „Aha, zwei sind es", dachte ich mir.

In dieser Gegend waren nicht sehr viele Kulturgüter zu besichtigen, so dass wir uns für einen Tag ein Auto ausliehen, um ein Kloster, einen schönen Strand und eine Festung anzusehen.

Zuerst besuchten wir das Kloster Moni Toplou, das einen kleinen Shop betrieb. Ich griff in den Korb mit vielen kleinen verschiedenen Magnetbildern und hatte natürlich eins ergriffen mit drei Engeln. Ein Raum in diesem Kloster hatte eine wunderbare, angenehme Energie. In einem Glasschrank hingen Roben, die ich fotografierte. Auf einem Gewand entdeckte ich einen blauen Orb mit einem Männerprofil. Weiter ging es zum wunderschönen Strand Vai mit natürlich gewachsenen Palmen. Hier gibt es keine Hotels und trotzdem ist der Strand gut besucht. Das letzte Ziel sollte die Festung Voila in der Nähe von Ziros sein. Die Fahrt dorthin ist nicht gut ausgeschildert, und somit schwer ausfindig zu machen. Da die Festung nicht gerade sehr gut erhalten war, fragte Ich die Engel, ob sie dafür nicht eine kleine Entschädigung für mich hätten und wurde damit belohnt, in einem hinteren Raum der Festung beim Fotografieren drei Gesichter an der Wand entdecken zu dürfen. Es grinsten mich drei Gesichter durch die Linse an, die auf dem Foto leider nicht gut erkennbar sind.

Am Strand, der zum Hotel gehörte, suchte ich nach schönen seltenen Steinen und fand einen ganz kleinen schwarzen Stein, der unterbrochen war mit einer kleinen weißen Linie. Vor dem Hotel legte ich den Stein ab, um mir die Füße von Sand zu reinigen und vergaß den Stein auf der Mauer. Am nächsten Tag suchte ich danach, aber der Stein war nicht mehr da. Zuhause fand ich den Stein bei den anderen Steinen in meinem Rucksack wieder. Hatte ich den in geistiger Umnebelung selbst in den Rucksack getan?

Eines Morgens fragte ich die Engel, ob es nicht einen Stein am Strand gäbe, der eine Engelgestalt darstellt? Wir gingen wieder am Strand entlang und ich ließ meinen Blick über den Sandboden streifen. Da war er, der besagte Stein, ein großer, ovaler, schwarzer Stein. Auf dem Stein war in weiß, eine angedeutete Engelsgestalt mit zwei Flügeln zu sehen. Genauso hatte ich die Gestalt vor meinem inneren Auge gesehen. Es war nicht der Stein, der so geformt war, sondern auf dem Stein war die Form. Na ja, dachte ich – auch gut.

Am Ende des Urlaubs bat ich noch um ein Zeichen, damit ich noch mehr zu schreiben hatte, und auch das wurde mir gewährt. Ich hatte meine rechte Schulter verspannt, durch das lange Liegen auf der Sonnenliege oder dem ungewohnten Kissen im Bett. Auf einmal bemerkte ich, dass die Verspannung ganz verschwunden war. „Danke" konnte ich da nur sagen.

Auf dem Flugplatz in Heraklion standen viele Menschen vor dem Schalter und wieder wurde später einer geöffnet zu dem wir wechseln konnten. Reihe 3 a und b war für uns noch frei. „Danke" ihr guten Engel.

Christel Oostendorp:

Baby überlebt einen Unfall (aus einem Daily Herold Zeitungsartikel 3/2015 übermittelt)

Im März 2015 ereignete sich in Utah (USA) ein schwerer Unfall. Eine 25-jährige Mutter (Jennifer G.) und ihr 18 Monate altes Baby Lily stürzen mit dem Auto in den eiskalten Fork River. Erst am nächsten Morgen wurde das Auto durch einen Angler gefunden. Die Rettungskräfte suchten nach Überlebenden. Da das Wasser zu kalt war und das Auto nicht zugänglich, weil es auf dem Dach lag, wollten die Rettungskräfte abbrechen. Da hörten 4 der 7 Rettungskräfte einen lauten Hilferuf. Sie drehten mit vereinten Kräften das Auto um. Die Mutter war schon längere Zeit tot, aber das Baby hatte mit schwerer Unterkühlung überlebt.

Wer hat den Hilferuf von sich gegeben? Die bereits verstorbene Mutter oder der Schutzengel des Babys?

Wortwörtliche Wiedergabe: When Lily was rescued, first responders said they heard a "distinct female voice," telling them "help me, help us." The first responders turned the vehicle over, pried open the door, and found Groesbeck, who appeared to have died on impact, and Lily, who was unconscious and not breathing. Lily had been hanging upside down for about 14 hours in frigid conditions, strapped into her car seat.

Christel Oostendorp:

Vater sah und hörte die Engel vor seinem Tod

Einige Tage vor dem Tod meines Vaters hatte er einen Traum. Vielleicht war er aber kurz schon im Jenseits. Er hörte eine wundervolle Musik und es wurde in einer Sprache gesungen, die er nicht kannte. Mein Vater sah eine Person auf einem Felsen sitzen, die ihm den Rücken zuwandte. Es war alles weiß und erleuchtet. Als er näher kam, drehte die Person sich um. Es war meine Mutter, seine Frau. Sie schaute ihn an, aber sang nicht. Irgendwann stimmte sie in den Gesang ein. Die Engel und meine Mutter warteten schon auf ihn.

Angelika Gerresheim:

Erzengel Michael greift ein (wortwörtliche Wiedergabe)

In meinen Gedanken verbinde ich mich immer wieder mit meinen himmlischen Begleitern, und auf ihre Botschaften und Zeichen kann ich mich verlassen. Vor einigen Jahren verbrachte meine Tochter den Tag bei ihrer Freundin, wir hatten die Absprache, dass sie telefonisch Bescheid gibt, sobald sie losfährt. Gina fuhr los und Carolin rief mich an, um Bescheid zu geben, dass

Gina losgefahren ist. Ich bedankte mich für ihren Anruf und fühlte in diesem Moment einen heftigen Schmerz in meinem Solarplexus und eine enorme Unruhe. Dieses Zeichen bekomme ich immer, wenn Gefahr droht. Ich fühlte die Gefahr und fing sofort an zu beten: „Lieber Erzengel Michael, beschütze meine Tochter mit deiner Engelsschar und bringe sie mir gesund zurück. Danke, Danke, Danke.

Es vergingen ca. 15 Minuten des Bangens, als meine Tochter weinend vor der Tür stand. Die neue Jeanshose blutig durchzogen und am Knie zerrissen: „Mama, ich bin auf die Straße gefallen, mein Rad rutschte am Bordstein ab, es waren ungefähr 300 Meter zwischen einem Auto und mir. Es fuhr auf mich zu, als ich auf der Straße lag. Die Entfernung war dann nur noch ca.100 m, Mama meine neue Hose…" „Schatz, ich hatte solche Angst um dich", sagte ich. Wir lagen uns weinend in den Armen. Danke Erzengel Michael und danke allen Engeln, die Schlimmeres an diesem Tag verhindert haben. Die Straße ist normalerweise eine stark befahrene Straße. Ich glaube, ohne die Gebete, ohne den Schutz von Erzengel Michael und seinem Gefolge hätte dieser Tag kein glückliches Ende gehabt.

Die Botschaft dieser Geschichte lautet: Ladet die Engel in Euer Leben ein, vertraut auf Eure Intuition – im Zweifelsfall, auch wenn Ihr die Namen der Engel nicht kennt, hilft immer noch die Engel-Nothilfe. Engel schützen und begleiten uns, wir haben es erfahren. Ich vertraue meinen Engeln bedingungslos und freue mich über jedes Zeichen und jede Unterstützung. Danke, Danke, Danke."

Das Bild – Erzengel Michael - befindet sich im Besitz von Angelika Gerresheim. Copyright Annick vom Kolke, Bocholt.

Christel Oostendorp:

Vater ändert meinen Vornamen bei der Anmeldung

Meine Mutter hatte sich für mich den Namen Chryseldis ausgesucht und schickt meinen Vater damit ins Stadthaus zur Anmeldung. Mein Vater stand schon vor dem Beamten, als er den Namen nennen sollte und hörte in sich: „Christa ist verstorben – nenne sie Christel". Ohne weiter zu überlegen meldete er mich mit dem Namen Christel an. Meine Schwester Christa war im Alter von 3 Monaten an einer Stoffwechselkrankheit verstorben und wie sich 40 Jahre später herausstellte, immer in meiner Nähe gewesen, bis durch eine Familienaufstellung eine Trennung zwischen uns erfolgte. Wer hatte meinem Vater diese Intuition eingegeben? Den Vornamen, den wir in dieser Inkarnation tragen, haben wir uns selbst ausgesucht. Wir haben unseren Eltern den Impuls gegeben, uns so zu nennen. Wir schwingen in diesem Namen auf der Erde. Der Name spiegelt unseren Charakter.

War ich das, die mit meinem Vater intuitiv kommunizierte, war es meine verstorbene Schwester oder war es mein Schutzengel, der eingriff, damit ich nicht den Namen Chryseldis erhielt?

Susanne Weiss:

Gibt es Engel? (wortwörtliche Wiedergabe)

Ich hegte Zweifel, ob es Engel wirklich gibt, bat darum, dass sie sich richtig DEUTLICH zeigen.

Nun, ich saß nur kurze Zeit später in einer unnatürlichen großen Hitze, obwohl draußen derzeit die „Eisheilige Kälte" war. Aber es war unnatürlich heiß im Raum. So schaute ich nach deren Ursache und merkte, dass ein Heizungskörper bullerte, der eigentlich gar nicht bullern konnte, denn jahrelang hat er gar nicht gedient, weil der Regler defekt war. Dadurch, dass in dem Raum ein weiterer großer Heizungskörper existierte blieb dieser Heizungskörper halt ohne Funktion.

Ich habe dann einen Heizungsinstallateur bestellen müssen. Es war wie in einer Sauna und ich begriff, das waren meine Engel, die mir die Zeichen gegeben haben. Sie haben mir ordentlich eingeheizt.

Susanne Weiss

Das Gewitter (wortwörtliche Wiedergabe)

Die Engel - oder die geistige Welt, das ist mir egal, wer und was sie sind, Fakt ist, dass ich in jungen Jahren - vielleicht war ich 9 - mit meiner gleichaltrigen Freundin in einem Wald zum Blaubeeren pflücken war. Wir haben ein riesiges Feld gefunden und waren im Eifer des Gefechts, wer mehr pflücken konnte, sehr vertieft in unsere Blaubeeren und wir trennten uns auf dem Feld.

Plötzlich hörte ich eine tiefe männliche Stimme in mir drin, die mir sagte: "Es gibt gleich ein Gewitter!"

Ich hob den Kopf hoch, schaute gen Himmel und übers Feld. Weit und breit waren kein Mann und auch keine Frau zu sehen. Der Himmel braute sich zu.

Ich sah, dass auch meine Freundin genauso hoch sah und wir beide liefen aufeinander zu. Meine Freundin wusste, dass ich mich aufgrund des Hörschadens nur in der Nähe verständigen konnte, und erst als wir uns gegenüberstanden, sagten wir im Chor: "Es gibt gleich ein Gewitter!"

Und wir liefen nur noch zu ihrem Bauernhof nach Hause. Auf dem Weg hat meine Freundin gemeint, dass wir doch über Nachbars Wiese rennen könnten, auch wenn es uns verboten war. Aber angesichts der Tatsache, dass ein Gewitter kam, befolgte ich ihren Vorschlag. Kaum betraten wir die Wiese, fing es auch schon an heftig zu regnen. Wir wurden nass und als wir die Tür erreichten, sahen wir auch unsere besorgten Eltern, die gerade nachschauen wollten, ob wir kommen, und kaum betraten wir die Schwelle der Türe, hat es geblitzt und gedonnert... und wie!

Ich weiß heute, dass die geistige Welt bei uns war!

Susanne Weiss:

Die innere Stimme (wörtliche Wiedergabe)

Ich habe diese warme, männliche, himmlische Stimme Jahre später erneut gehört.

Ich war gerade erneut schwanger und allein im Haus, habe geputzt und die männliche Stimme meldete sich diesmal mit einer Botschaft:

"Für das Kind muss einer gehen!"

Auch wenn es keine schöne Nachricht war, so war ich voller Vertrauen, denn ich wusste, dass diese Stimme mich wahrhaftig begleitet und mir schoss in den Sinn: "Entweder meine Schwiegermutter oder meine Oma!"

Das war in jenem Jahr der Monat September.

Meine Schwiegermutter hätte auch meine Oma sein können, daher war es altersbedingt gar nicht so abwegig. Doch war sie zu dieser Zeit gesund. Keine Medizin brauchte sie, nur körperlich merkte sie ihre Jahre... das war alles. Nur einen guten Monat später wurde sie krank, und in den nächsten Monaten hat sie auch immer häufiger einen Arzt kontaktiert.

Kurz vor Weihnachten wollte sie ins Krankenhaus, aber wir sagten, dass sie ruhig noch hier bleiben könnte, denn über die Feiertage passiert eh kaum etwas. So kam sie direkt Anfang Januar erst ins Krankenhaus und während dieser Zeit ging es tatsächlich stets bergab, einen Monat bevor ich mein Kind gebären sollte, starb sie tatsächlich.

Kommen und gehen war dran. Mein jüngstes Kind kam und erneut im September des gleichen Jahres kam wieder diese besagte männliche Stimme:

"Noch in diesem Jahr stirbt die Oma!"

Es trat tatsächlich im November so ein, ohne Krankheit... einfach so!

Für mich war und ist es ein Geschenk der himmlischen Wesen, die mir gezeigt haben: Zwischen Himmel und Erde gibt es mehr!"

Susanne Weiss:

Schutzengel bringt mich sicher über die Straße (wortwörtliche Wiedergabe)

Ich bin im kindlichen Alter, ich glaube 5 Jahre oder so, und stehe mit meiner Mutter an einer großen Kreuzung an der roten Ampel. Zappelig wie ich war, war ich startbereit, sobald es GRÜN war. Ich sah die grüne Fußgängerampel und rannte los. Auf der anderen Seite angekommen, dreh ich mich um und wundere mich, dass meine Mutter noch immer am Straßenrand stand und auch andere, wie sie entsetzt geguckt haben. Als die Ampel grün zeigte, kam auch meine Mutter rüber und fragte mich, wieso ich bei rot rüber gerannt bin. Ich sagte: „ ES WAR GRÜN!" Da hat wohl jemand auf mich aufgepasst.

Christel Oostendorp:

Engel lassen im Traum etwas erleben

Ich spreche abends vor dem Einschlafen manchmal mit den Engeln oder nur mit meinem Schutzengel und bitte um ein schönes Traumerlebnis. Eines Nachts träumte ich einige Ungereimtheiten, die darin endeten, dass ich im

Garten auf dem Boden saß und viele Tiere zu mir kamen. Es waren Ziegen, Schafe, Vögel, Katzen und Hunde. Die Vögel stupsten ganz sanft mit den Schnäbeln, die ich richtig wahrnahm, und ich hatte große Freude daran, dass die Tiere sich anschmiegten. Ein Glücksgefühl kam auf.

Je nachdem, was für eine Frage oder Bitte ich stelle, wird der Traum anders. Wenn es ein geführter Traum ist, dann fühlt man es so wirklich. Man sieht und fühlt. Ein Verarbeitungstraum ist anders. Man ist da nicht so mitten im Geschehen. Beide lassen sich gut auseinanderhalten.

Klaus:

Beinbruch beim Skifahren (wortwörtliche Wiedergabe)

2011 bin ich mit meiner Frau in den Skiurlaub nach Österreich gefahren. Schon am dritten Tag hatte meine Frau einen Zusammenstoß mit einem Kind auf der Piste. Meine Frau ist so unglücklich gestürzt, dass sie sich einen Beinbruch zuzog. Es sah auf der Piste nach einem komplizierten Bruch aus. Das Bein lag ganz verdreht da. Meine Frau fing trotz der Schmerzen an zu beten. Sie wurde ruhiger und ruhiger und als der Rettungswagen endlich da war, hatte sie kaum noch Schmerzen. Nachdem der Bruch im Krankenhaus versorgt wurde und man uns sagte, dass es ein mehrfacher Bruch war, erzählte meine Frau mir, was sie erlebt hatte. Sie hätte inständig ihren Schutzengel und den Erzengel Raphael gebeten, ihr die Hände aufzulegen, damit sie die Schmerzen ertragen kann, bis Hilfe da ist. Immer wieder hätte sie das wiederholt. Vor ihrem inneren Auge sah sie ein grünes Licht und wurde ruhiger und ruhiger. Der furchtbare Schmerz ließ nach, bis Hilfe kam und sie versorgt werden konnte. Ich habe das immer etwas belächelt, wenn meine Frau von Engeln sprach. Aber das war nun doch ein guter Beweis, dass da mehr ist als wir annehmen.

Christel Oostendorp:

Engel steht vor dem Bett

Mein jüngster Sohn war ca. 13 Jahre alt, als er nachts aufwachte und eine Gestalt vor seinem Bett stehen sah, die ein leuchtendes Gesicht hatte. Es leuchtete, als wenn sich jemand eine Taschenlampe ins Gesicht halten würde. Mein Sohn erschrak heftig und rief laut „Hallo,

hallo", um uns zu wecken und die Gestalt zu erschrecken. Die Gestalt verschwand.

Petra:

Getragen werden (wortwörtliche Wiedergabe)

Eines Tages bat ich die Engel um Hilfe bei meiner Diät. Es tat sich Tag für Tag nichts. Ich verlor kein Gewicht. Die Waage zeigte seit Tagen das gleiche Gewicht. Das machte mich irgendwie ärgerlich und ich sprach ironisch zu meinem Schutzengel: „Ich dachte du würdest mir helfen und mich tragen." Noch einmal ging ich auf die Waage, obwohl ich 5 Minuten vorher schon drauf stand. Die Waage zeigte fast 1 kg weniger. Ich war beschämt, dass ich die Hilfe bezweifelte und ungeduldig geworden bin und bedankte mich fürs TRAGEN. Ich denke, dass ich diesen Moment getragen wurde, denn als ich noch einmal auf die Waage stieg, war ich wieder 1 kg schwerer.

Angelika Gerresheim:

Engel verhindern Unfall (sinngemäße Wiedergabe)

Als ich mal Gerome mit Gina vom Kindergarten abgeholt habe, fuhren wir mit dem Auto eine Straße entlang, auf der eine Entenmutter mit ihren Jungen die Straße überquerte. Eins war nicht schnell genug und stolperte. Ich hielt an und dachte: „Komm, kleines Küken lauf schnell zur Mama rüber. Ich wartete geduldig mit meinen Kindern im Auto. Als wir wieder losfuhren, raste ein LKW in einem überhöhten Tempo um die nicht einsehbare Ecke.

Ich sagte zu Gina: „Weißt du was gewesen wäre, wenn diese Enten nicht über die Straße gelaufen wären?" Ja Mama, das wäre nicht gut für uns ausgegangen, wir wären frontal mit dem LKW zusammengestoßen.

Engel können auch solche Situationen durch Einsatz von Tieren oder Menschen retten.

Wir leben noch, sind gesund, munter und dankbar!

Christel Oostendorp:

Besuch beim Arzt

Wenn ich einen Termin bei einem Arzt habe, bitte ich die Engel um Begleitung, damit alles reibungslos klappt. Nach unserem Urlaub entdeckte ich, dass ein Leberfleck auf meinem Arm eine Veränderung zeigte und versuchte, einen Termin bei einer Hautärztin zu bekommen. Ein halbes Jahr später hätte ich kommen können oder mich morgens um 8.30 einfinden, um dann evtl. mit langer Wartezeit zwischendurch einige Minuten Aufmerksamkeit der Ärztin zu ergattern.

Ich stellte mich zu den schon 2 anwesenden Herren um 8.10 Uhr in den Hausflur der Praxis. Nach und nach kamen immer mehr Patienten, die sich dazugesellten. 8.30 Uhr wurde die Tür geöffnet und zuerst die Patienten mit Termin hereingebeten. Danach die ohne Termin. Den beiden Männern sagte man, dass sie um 11 Uhr wiederkommen sollten und mir: „Wir sind voll, wir können niemanden mehr annehmen." Ich sagte der Arzthelferin, dass mein Mann gestern einen Termin hatte und man ihm mitteilte, ich könne um 8.30 kommen. Sie hob die Schultern mit den Worten: „Tja, wir haben aber keine Möglichkeit mehr, sie anzunehmen." Die Ärztin stand 2 m entfernt und fragte die Sprechstundenhilfe: „Was gibt es?" Ich antwortete für sie: „Mein Mann hatte gestern einen Termin bei Ihnen und sagte mir, ich könne Ihnen heute kurz ein Muttermal zeigen, dass sich verändert hat. Ich zeigte auf meinen Arm und sie sagte: „Ein kurzer Blick geht noch." Ich durfte ins Wartezimmer und 1 Std. später ins Sprechzimmer. Nach einer kurzen Betrachtung meinte die Ärztin, dass das Mal auf jeden Fall raus müsse. Solche Dinger, die sich verändern, könnten später viel Ärger bereiten. Sie sagte: „Wenn sie wollen, um 11 Uhr. Gehen sie noch einen Kaffee trinken." Es war keine Luft mehr zwischen den Terminen, aber mein Leberfleck wurde sofort entfernt. Per Termin hätte es Monate dauern können. Um 11.20 Uhr war das Ding raus und ich hatte nichts gespürt. Danke liebe Engel!

Ursel:

Engel begleiten sehbehinderte Frau ihr ganzes Leben (wortwörtliche Wiedergabe)

Ich habe mein ganzes Leben schon Kontakt mit Engeln, Maria und Gott. Das Leben hat es nicht immer gut mit mir gemeint, so dass ich immer wieder um Hilfe bat. Ich bin mit einer Sehbehinderung auf die Welt gekommen, wofür meine Mutter nicht sehr großes Verständnis hatte. Sie meinte immer, dass ich alles genauso machen müsste wie nicht sehbehinderte Kinder.

Ich höre zwar keine Worte, aber erhalte auf andere Weise Informationen oder Antworten.

Durch die Sehbehinderung haben sich die anderen Sinne geschärft, so dass ich Orbs wie kleine Punkte um die Augen herumfliegen sehe und die Anwesenheit von Engeln spüre.

Vor meinem inneren Auge sehe ich meinen Schutzengel, der immer bei mir ist. Ich sehe einen Engel mit halblangen blonden Haaren, der mir meistens zulächelt, manchmal schaut er aber auch etwas ernst. Durch ein Medium erfuhr ich, dass der Schutzengel den Namen Cornelia trägt.

Einmal wollte ich eine alte silberne Schale verkaufen, die der Schwiegervater im Krieg mal erhalten hat. So lange ich auch suchte, ich konnte sie nicht mehr finden. Ich rief die Engel um Hilfe und bat um ein Zeichen, wo sich die Schale befindet. In meinem Kopf hörte ich: „Vertiko oben rechts." Tatsächlich, dorthin hatte ich die Schale vor vielen Jahren hingelegt.

Wenn mein Mann und ich einen Parkplatz suchen, spreche ich auch mit den Engeln und wir finden immer schnell einen Platz. An das: „Danke Engel!" hat sich mein Mann mittlerweile gewöhnt.

Bin ich mal traurig, fühle ich manchmal ein Streicheln über meinem Kopf oder ein Gefühl wie Bindfäden, die durch mein Gesicht gezogen werden.

Ich habe einige Pfunde zu viel und bitte die Engel, mir bei der Abnahme zu helfen. Ich bitte darum, dass es mir immer übel werden solle, wenn ich Appetit auf Kuchen, Pommes frites oder Ähnliches verspüre. Jedes Mal, wenn ich mich in der Lage befinde, zuzugreifen, wird mir übel. Dann bedanke ich mich bei den Engeln für den Hinweis und verzichte.

Wenn das Wasser in unserem Außenschwimmbad noch zu kalt ist, bitte ich die Engel, mir beim Einstieg zu helfen, damit ich das Wasser warm empfinde. Meine Familie wundert sich dann immer, weil ich warmes Wasser bevorzuge und früher ohne die Hilfe der Engel niemals in kaltes Wasser ging. Irgendwann kam ich mal auf die Idee, einfach um ein warmes Gefühl zu bitten. Ob nun das Wasser augenblicklich für mich einige Grad mehr hat oder ich dieses warme Gefühl geschenkt bekomme, ist mir unklar.

Vor Jahren hatte ich einige Unterbauchoperationen, die viele Narben hinterließen. Nabenschmerzen hatte ich viele Jahre. Mir wurde der Weg zur Selbstheilung gezeigt und ich habe durch die Erlernung von Quantenheilung nun keine Schmerzen mehr. Nichts ist zufällig – bittet man um Hilfe, wird einem ein Weg gezeigt.

Angelika Gerresheim:

Falsche Formulierung eines Wunsches (wortwörtliche Wiedergabe)

Als mein Mann und ich uns trennten, ordnete ich mein Leben neu und ich wollte meine Tätigkeit als „Lichtarbeiter" weiterführen und mein Haus, meine Praxis und alles, was ich hatte, behalten. Irgendwann erwischte mich ein finanzieller Engpass. Ich bat die Engel um Hilfe und sprach: „Wenn ich weiterhin anderen Menschen meine Hilfe anbieten soll, dann müssen jetzt aber mal ein paar Mäuse kommen." Kurze Zeit später schellte es an meiner Haustür und eine Nachbarin stand mit einer großen Dose weißer Haribo – Mäusen vor der Tür und fragte mich, ob meine Kinder die Essen würden. Sie hätte sie geschenkt bekommen. Gut, dass ich nicht nach Kohlen gefragt habe, sonst hätten vielleicht vor der Haustür einige Tonnen Kohlen gelegen. Was soll uns das sagen? „Bedenke, was du dir wünscht und wähle die richtigen Worte." Bei klarer Wunschformulierung habe ich dann immer wieder zum richtigen Zeitpunkt passende Fülle zu verschiedenen Anlässen erhalten. Die Engel helfen uns immer, bringen Ideen und unkonventionelle Unterstützung, wenn wir fragen und vertrauen. Klar, dass wir uns auch selbstständig bemühen dürfen, nach neuen Wegen zu suchen. Engel im Alltag begleiten uns, wenn wir es möchten und zulassen können. Engel haben viel Humor, wie man an meinem Beispiel sehen kann.

Christel Oostendorp:

Verstorbene Tante zeigte sich einige Monate nach ihrem Tod, als eigentlich ihr 85. Geburtstag geplant war

Meine Tante Lisbeth, eine Ordensfrau, war mir sehr ans Herz gewachsen. Wir hatten immer Kontakt und besonders das letzte Jahr vor ihrem Tod. Wir telefonierten oft und unterhielten uns darüber, was wohl nach dem Tod sein würde. Sie bereitete sich auf ihren Übergang vor, obwohl sie körperlich und geistig total fit war. Irgendetwas oder irgendwer sagte ihr aber, dass ihre Zeit bald abgelaufen ist und sie regelte alles, was sie noch regeln wollte. Wir tauschten unsere Sichtweisen aus, die aber nicht weit auseinander lagen.

Als sie einen Kururlaub antreten wollte, stürzte sie und hatte einen Oberschenkelhalsbruch. Sie wurde operiert und als Komplikation trat ein Nierenversagen ein. Die Ärzte wollten sie an das Dialysegerät anschließen, was sie jedoch ablehnte. Auf die Aussagen der Ärzte, dass sie dann sterben müsse, sagte sie: „Dann wird es so sein, mit 84 Jahren werde ich mir das nicht mehr antun." Die Schwesterngemeinschaft und sie bereiteten sich auf das Ende vor. Noch 5 Minuten bevor sie die Augen schloss, war sie noch klar bei Verstand und sagte: „Ich habe immer die richtigen Entscheidungen getroffen und denke, dass dies auch die richtige Entscheidung war."

Ich fühlte den Moment, als sie die Augen schloss. Bei der Beerdigung hatte ich das Gefühl, dass sie ganz nah bei mir stand und Monate später hatte ich das erste Mal seit meiner Kindheit ihren Geburtstag vergessen. Sie hatte ja schließlich keinen mehr. An diesem Tag spukte es erstmalig in unserem Haus. Eine Tür fiel ganz langsam vor meiner Nase zu, es knackte im Rechner und er stürzte ab und bei einem Spaziergang erschien auf den von mir gemachten Fotos das Gesicht meiner Tante in meinem Gesicht. Jetzt musste ich heftig lachen und sagte ihr, dass es mir leid täte, nicht an ihren Ehrentag gedacht zu haben. Ich wusste jetzt, warum ich gedrängt wurde, einen Spaziergang zu machen, obwohl es bitterlich kalt war und ich erinnerte mich daran, dass wir uns mal am Telefon darüber unterhielten, dass man nach dem Tod Kontakt mit seinen Lieben aufnehmen könne, wenn die hinsehen und hinhören würden. Sie hatte mir das bestätigt. War es nun ein Engel, der da mithalf oder hat sie das ganz allein hinbekommen? Wie mir bekannt ist, werden Verstorbene fast immer von Engeln begleitet.

Ein weiteres Jahr später bat ich die Engel, mir einen Hinweis auf einen Arzt oder Therapeuten zu schicken, der meinen Nacken wieder in Ordnung bringen würde, und gleichzeitig dachte ich an meine Tante und sagte: „Du hast doch da auch den Überblick". Ich schaute ins Internet und entdeckte einen Chirurgen, der nur osteopathisch und energetisch arbeitete. Dieser Arzt hatte den gleichen Nachnamen wie meine Tante.

Ich hatte schon einige Ärzte vorher konsultiert und keine Besserung erfahren. Dieser Arzt war anders. Man spürte die guten Energien, die ihn leiteten und zum Erfolg verhalfen.

Meine Tante

Das bin ich

Das überlagerte Foto

Maria Kühner:

Hilfe, um mit schwerem Gepäck den Bus noch rechtzeitig zu erreichen (wortwörtliche Wiedergabe)

Im Jahre 2012 gönnte ich mir einen zweiwöchigen Kururlaub ins Marienbad in Tschechien. Die Abfahrt war morgens um 6 Uhr am Sportzentrum. Ich nahm mir kein Taxi, weil ich annahm, dass es mit Koffer und all meinem Gepäck nicht zu weit wäre. Als ich jedoch ein paar Minuten unterwegs war, fiel mir ein, dass ich meinen Schlüssel nicht deponiert hatte, wo ich ihn hinlegen wollte. Also wieder zurück. Mein Ärger war schon groß, hätte ich mir doch lieber ein Taxi genommen fiel mir so ein. Die Zeit verging und ich hatte das Gefühl, dass mein Gepäck immer schwerer wurde.

Mein kleiner Zusatzkoffer viel immer herunter. Ich hatte schon Tränen in den Augen vor Verzweiflung, weil die Hauptstraße sehr lang war und ich kein Ende sah. Ich weinte und da fielen mir die Engel ein. Ein Hauch von Hoffnung kam in mir auf. Ich bat die Engel, mir zu helfen pünktlich zum Bus zu kommen.

Ich glaube, ich habe sie alle gerufen in diesem Moment. Noch als ich darüber nachdachte, wen ich noch bitten könnte, hielt neben mir quietschend ein rostiges Auto an. Ein farbiger junger Mann stieg aus und fragte, ob er mir helfen könnte. ich stand total verdutzt da. Er nahm blitzschnell mein Gepäck und verstaute es im Kofferraum. Ich habe dem Mann mein Ziel genannt, das noch einen Kilometer entfernt war, setzte mich ins Auto und hatte zwischen meinen Füßen eine Butterbrotdose und eine Thermosflasche.

In zwei Minuten war ich am Bus und in Windeseile hatte er mein Gepäck verstaut und war so schnell wie er gekommen war wieder weg. Ich stieg in den Bus und war total platt über das, was ich da erlebt hatte. Ich war eine halbe Stunde still, bis mir der Gedanke kam, dass das nur meine Engel gewesen sein können, zu denen ich gebetet habe. Sie hatten mir diesen farbigen, netten Mann geschickt.

Ich hatte einen tollen Kururlaub und kam gestärkt wieder nach Hause.

Das erste, was ich gemacht habe, ich habe meine Engel gebeten, mir einen schwarzen Engel zu zeigen, den ich zur Erinnerung aufstellen könnte. Ein paar Tage später musste ich in die Stadt, um etwas zu besorgen. ich kam in einen Laden, wo ich keine Engel vermutete. Aber da saß er, mein schwarzer Engel, so wie ich ihn mir gewünscht hatte. Mir wurde ganz warm ums Herz vor Freude. Heute sitzt er auf meinem Schrank und passt auf mich auf, damit ich immer pünktlich ankomme. Meine

Engel sind die größten, liebsten und tollsten Wesen und ich weiß, dass sie mich niemals im Stich lassen.

„Erdengel" – Engel in Menschengestalt

Christel Oostendorp:

Engel schützt Sohn bei der Prüfung

Als mein Sohn in der 10. Klasse eines Gymnasiums in unserer Stadt eine Nachprüfung in Geschichte machen musste, saß ich vor der Schule im Auto und betete. Ich bat seinen Schutzengel um Schutz, sah vor meinem inneren Auge meinen Sohn vor dem Prüfungsausschuss stehen und hinter ihm einen großen Engel, der seine Hände schützend über ihn hielt. Ich hatte mit meinem Sohn zusammen in den Sommerferien alle Themen gelernt, die der Geschichtslehrer ihm genannt hatte. Mein Sohn konnte alles auswendig. Schon nach 20 Minuten kam er zum Auto und schüttelte den Kopf und sagte: „Da gehe niemals mehr hin." Es kamen nur Themen, die zwar am Rande während des Schuljahrs Thema waren, aber kein einziges Thema, was der Lehrer ihm angegeben hatte zu lernen. Es war ein Tag vor Schulbeginn. Ich ließ die Schultern sacken und schimpfte mit den Engeln. Mir war noch nicht klar, warum das so gelaufen ist. Ich hatte um Schutz gebeten, aber nicht um das BESTEHEN DER PRÜFUNG. Er hatte ja alles gelernt.

Am nächsten Tag gingen wir zu einigen Schulen und informierten uns. Nur eine Schule konnte meinen Sohn noch aufnehmen. Nach drei Wochen sagte er mir:

„Mama, das war das Beste was mir passieren konnte. Ich habe mich noch nie so frei und wohl gefühlt."

Die Engel hatten zu seinem Wohl entschieden.

Also ist es wichtig, einen Wunsch präzise zu formulieren, er könnte in Erfüllung gehen.

Christel Oostendorp:

Engel begleitet Meditation

In einer tiefen Meditation zum Thema: Was ist mein nächster Schritt im Leben, bemerkte ich, dass ich an meiner linken Seite einen Engel an meiner Hand hatte. Der Engel wich nicht von meiner Seite, bis ich meinen nächsten Schritt erkannte, dann war er weg. War es nur Einbildung oder war es wirklich ein Lichtwesen, das mich zur Erkenntnis brachte? Man fühlt es, man hat das Gefühl von Geborgenheit und Wärme.

Theresa:

Bewusstlos beim Tauchen (sinngemäße Wiedergabe)

Als ich 28 Jahre alt war, machte ich mit meinem Freund Urlaub in Griechenland. Wir buchten einen Tauchkurs für Fortgeschrittene, obwohl ich kaum Erfahrung hatte. Mit dem Boot fuhren wir zu 8 Personen weit hinaus vor die Küste und glitten einer nach dem anderen in unseren Taucheranzügen und Flaschen ins Wasser. Es fühlte sich wunderbar an unter Wasser, diese andere Welt zu betrachten. Es ging tiefer und tiefer hinab. Soweit unten war ich noch nie. Eine Angst schlich sich langsam in meine Gedanken und ich blieb ein bisschen zurück. Man bemerkte nicht, dass ich nicht nah bei der Gruppe war. Meine Atmung wurde immer schneller und mir wurde schwindelig. Ich dachte noch, dass geht gleich wieder, ich will hier nicht als Anfänger auffallen. Aber mein Puls raste immer schneller und dann war ich einen Bruchteil einer Sekunde irgendwie ohne Bewusstsein. Ich sah vor mir eine helle leuchtende Gestalt, die auf mich zukam und mich in ihre Arme nahm. Ganz langsam stiegen wir auf. Als wir an der Wasseroberfläche waren, war ich allein. Diese helle Gestalt war nicht mehr bei mir. War ich nur ohnmächtig und bin allein nach oben gekommen oder war dort ein Lichtwesen, so wie ich es wahrgenommen habe. Einer der Kursleiter ist mir sofort gefolgt und hatte bemerkt, dass ich für einen kurzen

Augenblick bewusstlos war. Oben angekommen hatte er mich schon eingeholt und begleitete mich zum Schiff. Das sollte wohl ein Hinweis für mich sein. Ich hatte mir mal wieder zufiel zugetraut. Die nächsten Tage bin ich mit dem Anfängerkurs rausgefahren.

Christel Oostendorp:

Engel begleitet Kranke nach Hause

2009 waren mein Mann und ich in Ägypten. Wir hatten ein sehr gutes Hotel gebucht und wollten die meiste Zeit in dieser Anlage verbringen. Dass wir jedoch die ganze Zeit dort verbringen würden, hatten wir nicht beabsichtigt. Am 2. Abend nach unserer Ankunft nahmen wir das Angebot an, in dem benachbarten Restaurant das gebuchte 5-Gänge-Menü zu genießen. Beim 2. Gang (frischer Lachs) hätte ich die Bedenken „frischer Lachs in Ägypten?" ernst nehmen sollen. Vielleicht hat mein Schutzengel da schon geflüstert. Schon beim Verlassen des Restaurants bekam ich Bauchweh. Ich hatte mir eine schlimme Darmkrankheit zugezogen und sollte die nächsten Wochen damit zu tun haben. Ab dem 4. Tag ernährte ich mich nur noch von trockenem Brot und schwarzem Tee. Alles andere war nicht mehr möglich. Die Medikamente, die wir in der dortigen Apotheke gekauft haben und meine eigenen mitgebrachten halfen nicht.

Am Tag der Abfahrt betete ich, dass mein Schutzengel mich nach Hause begleiten möge und ich auf der Heimfahrt keine Toilettenanlagen aufsuche müsse. Nicht nur einmal, sondern immer wieder sprach ich dieses Stoßgebet. An dem Morgen habe ich nichts gegessen und nichts getrunken, damit ich die Busfahrt zum Flughafen unbeschadet überstehen würde. Im Flugzeug nahm ich nur einen schwarzen Tee und ein Stück vom Brötchen zu mir.

Ich kam unbeschadet nach Hause. Ich schloss die Tür auf und musste sofort das stille Örtchen aufsuchen. Es dauerte noch einige Tage, bis ich wieder langsam anfangen konnte zu essen. Mein Schutzengel hat meine Bitte wörtlich genommen und mich direkt bis nach Hause begleitet.

Beate Pöschl:

Engel steht neben Vaters Baum (wortwörtliche Wiedergabe)

Meine Tochter sah schon einmal einen Engel in unserem Garten. Sie war damals ca. 9 Jahre alt. Sie lief damals ganz aufgeregt zu mir und erzählte mir von einer Lichtgestalt, die wie eine Säule ausgesehen haben muss - helles Licht. Sie sah den Engel damals neben einem Bäumchen, das von meinen verstorbenen Vater war.

Sie sagte: „Mama es war total hell, aber auch nur eine ganz kurze Zeit."

Christel Oostendorp:

Bitte um mehr Einblicke

Eines Abends bat ich die Engel um mehr Einblicke in die jenseitige Welt. In der Nacht schlief ich unruhig und als ich am Morgen die Zeitung aufschlug, fiel mein Blick zuerst auf eine Traueranzeige. Ein Bild eines jungen Mannes ließ mich nicht los. Ich fühlte sofort, dass es ein Selbstmord gewesen sein musste und wie die Eltern sich jetzt fühlen mussten. Im Radio spielte man das Lied von

Unheilig. Ich hörte die Worte: Wir waren geboren, um zu leben mit den Wundern dieser Zeit…… und wie wertvoll Leben ist…. Der junge Mann wollte mir mitteilen, dass er das jetzt auch verstanden hatte. Das Leben ist wertvoll. Ich hatte das Gefühl, dass ich das den Eltern mitteilen sollte. Ich sagte ihm, dass er einen Kontakt herstellen solle, dann würde ich das auf jeden Fall tun. Da es im Jenseits keine Zeit gibt, kann noch viel geschehen. Der junge Mann trug den Namen, den mein Sohn und ich seinem noch im Mutterleib verstorbenen Bruder gegeben haben.

Die Engel hatten mir ein feinsinnigeres Gefühl gegeben. Wenn ich sie nicht Stunden vorher darum gebeten hätte, hätte ich das wohl auch als Zufall abgetan.

Doris:

Engel schützen Ehemann beim Unfall (sinngemäße Wiedergabe)

Mein Mann war beruflich viel mit dem Auto unterwegs und hatte immer einen Schutzengel dabei, weil ich oft um seine Sicherheit betete. Eines Tages in Frankreich kam ihm auf der Straße ein LKW mit hoher Geschwindigkeit entgegen. Der Mann am Steuer zog aus unerklärlichen Gründen auf einmal auf die andere Fahrbahn direkt auf meinen Mann zu. Mein Mann wollte noch ausweichen, was aber aufgrund des Gegenverkehrs nicht möglich war. Der LKW trennte das ganze Autodach ab und fuhr weiter, ohne dass der Fahrer sich um meinen Mann kümmerte. Dieser aber stieg unversehrt aus dem Auto aus. Bis auf kleine Prellungen und ein Schleudertrauma hatte er nichts. Der LKW-Fahrer wurde aber später noch gefunden. Er begründete seine Fahrerflucht folgendermaßen: „ Ich war so geschockt, dass ich zuerst einmal einen trinken musste!" Wahrscheinlich hatte er das auch schon vor dem Unfall getan.

Jahre später hatte meine Tochter einen Verkehrsunfall. Ich bitte immer um Schutz meiner Kinder und in diesem Fall kann auch nur Hilfe von oben da gewesen sein. Das Auto meiner Tochter überschlug sich auch, landete auf dem Dach und sie stieg unversehrt aus.

Melanie:

Neuer Job (wortwörtliche Wiedergabe)

Eines Tages ließ mein Mann mich mit unseren beiden Kindern allein und kam nie wieder. Er zahlte schleppend den Unterhalt und kümmerte sich auch sonst wenig um die Kinder. Ich fand einen schlecht bezahlten Job für 14 Stunden die Woche und kam mit dem schleppenden Unterhalt so gerade über die Runden. Eines Tages waren beide Kinder krank und nachdem ich die ganze Nacht für die Kinder da war, ging ich morgens wie gerädert arbeiten. Nach einer Stunde machte ich einen gravierenden Fehler und wurde gefeuert. Da ich noch in der Probezeit war, konnte die Kündigung täglich ausgesprochen werden.

Mein Konto war schon sehr überzogen und die Kinder mussten neue Schuhe haben. Ich war am Ende. Ich legte mich zu den Kindern ins Bett und weinte.

Mein Großer nahm mich in den Arm und sagte: „Mutti, es kommt die Zeit, da wird es uns wieder gut gehen." Mein Großer war erst 8 Jahre alt und ich hörte sofort auf zu weinen. So altklug und aufbauend hatte ich ihn noch nie erlebt. Ich fragte ihn, warum er das meinte und er antwortete: „Mama, heute Nacht, als es mir so schlecht ging und ich mich immer wieder übergeben musste, stand eine leuchtende Person vor mir und sagte: „Habe keine Angst, alles wird wieder gut. Du wirst dich nicht mehr übergeben, du wirst neue Schuhe haben und deine Mama wird nicht mehr weinen." Ich sagte ihm, dass ich das ganz toll finde, glaubte aber, dass er geträumt hatte.

Eine Woche später ging ich mit den Kindern einen Weg in der Stadt entlang, den ich noch nie gegangen war. An einem Baum hing ein Bild von einer entlaufenen Katze und unter dem Bild stand auch das Wort BELOHNUNG. Meine Kinder und ich machten ein Spiel daraus, diese Katze zu suchen. Wir hatten einige Lebensmittel eingekauft, u.a. frischen Fisch.

Nach 10 Minuten fanden wir eine Katze, ungefähr 500 Meter von diesem Aushang entfernt und ich glaubte es kaum – es war diese Katze. Wir lockten sie mit dem Fisch an und warfen eine Jacke über sie. Mit diesem Bündel im Arm suchten wir die Familie auf, die ungefähr einen Kilometer entfernt wohnte.

Die Kinder der Familie waren so glücklich darüber, ihre Katze wieder zu haben, dass sie uns ins Haus baten. Man bot uns Getränke an und wir unterhielten uns etwas. Dabei kam heraus, dass die Familie eine Hausdame suchte, die den Haushalt selbständig leiten sollte. Ich hatte zwar so eine Arbeit noch nie gemacht, aber ich traute es mir zu, die Halbtagsstelle, die gut bezahlt wurde, anzunehmen. Anfangen konnte ich schon am nächsten Tag. Ich fand Säcke mit Altkleider und Schuhen in dem Haus, die ich entsorgen sollte. Darunter befanden sich auch fast neue Schuhe für meinen Sohn. Jetzt glaube ich, dass mein Sohn das nicht geträumt hat und danke für diese gute Fügung. Jedes meiner Kinder bekam 20,- Euro Belohnung in die Hand gedrückt und war überglücklich.

Brigitte Krainer:

Engel sind immer um mich (wortwörtliche Wiedergabe)

Ich hatte auch des Öfteren Begegnungen mit den Engeln. Bei meiner NTE (Nahtoderfahrung) waren Engel im Zimmer, die gesungen hatten, und ein großer Engel stand am Bett und sagte: „Alles wird wieder gut."

Die nächste Begegnung hatte ich, als mein Auto genau dort streikte, bevor ich auf die Hauptstraße hätte fahren müssen. Ich wäre wohl nicht mehr hier, wenn da nicht Hilfe gekommen wäre.

Auch hatte ich oft, dass, wenn ich zu laut die Musik einschaltete im Auto, das Radio einfach ausging und ich mich auf das Fahren konzentrieren musste.

Ich bitte um einen freien Parkplatz und siehe da, es geschieht so. Ich bat einmal um ein positives Zeichen in einer Angelegenheit und auf einmal fuhr ein LKW vorbei der die Aufschrift Engelmayer hatte. Da wusste ich auch wieder, dass alles gut ausgeht.

Erzengel Metatron habe ich auch oft schon gehört mit lauter fester Stimme. Auch höre ich ihn öfters, wenn ich etwas lese. Als ich das erste Mal diese Stimme hörte, dachte ich, mein Mann ruft nach mir. Mittlerweile weiß ich, dass dies Metatron ist. Es ist eine ganz tiefe Stimme und sehr laut. Die anderen Engel haben meist eine sehr feine, liebliche, helle Stimme. Es klingt wie Glockenklang.

Mit meinen beiden Kindern, die ich verloren habe, hatte ich auch einige Male Kontakt. Sie zeigen sich als kleine Engel, die genauso Spaß machen wie wir und genauso verspielt sind wie Kinder. Auch meinem Sohn Stefan schicke ich oft Engel mit, wenn er in die Schweiz fährt und ich weiß, dass ein Engel sich mit ihm sehr gut versteht, denn der Engel zeigte mir, dass es ihm Spaß macht, wenn mein Sohn Spaß macht oder gute Musik im Auto hört. Er nennt es: „ es groovt so richtig cool." Engel mögen das. Ich denke, jeder hat seinen Engel so wie es für ihn passt. Auch können Engel uns ein wenig ärgern, ist mir auch schon passiert, wie gesagt: z.B. Musik im Auto abschalten. Aber sie helfen uns auch; beschützen uns oder helfen uns etwas, das wir verloren haben, wieder zu finden.

Jonas:

Atombombe (sinngemäße Wiedergabe)

Eines Nachts träumte ich von Atombombenversuchen. Ich sah das Ausmaß der Folgen auf unserem Planeten. Auf einmal stand ein Wesen neben mir und legte die Hand auf meine Schulter. Ich hörte die Worte: „Das ist das Ende, tu etwas für die Erde und das Universum. Die Atombomben haben Lichtgeschwindigkeit und zerstören unser Universum. Nicht nur die Erde, sondern ein Teil des Universums trägt auch Schaden." Schweißgebadet wachte ich auf und für mich stand fest, dass das nicht nur ein Traum war. Ich musste was tun, aber was?

Zuerst einmal informierte ich meine Bekannten, Freunde und Verwandte über dieses Thema. Wir diskutierten viel darüber und ein Stein ist ins Rollen gekommen. Eine Internetseite ist entstanden, die immer mehr Menschen informiert und daraus bildeten sich Gruppen, die öffentlich gegen Atombombenversuche demonstrieren.

Ich möchte niemandem Angst einjagen, sondern nur darauf hinweisen, dass wir nicht wegsehen dürfen. Der Traum war so real und dramatisch, als wenn mir etwas gezeigt wurde, was sich zutragen könnte.

Christel Oostendorp:

Bellender Hund:

Verwandte haben einen Hund, der jeden mehr oder weniger Fremden anbellt – besonders im eigenen Haus und Garten. Als wir einmal zum Kaffeetrinken mit mehreren Personen in diesem Garten saßen, da bellte der Hund jeden an, der zum Pipimachen ins Haus ging und auch wieder wenn er zurückkam. Nun musste ich mal und bat die Engel, dass der Hund nicht hinter mir her bellen solle, wenn ich ins Haus gehe. Der Hund tat es nicht. Als ich rauskam bellte er mich an – aber so war ja auch nicht der Deal.

Roland und Susanne:

Engel der Vergebung (wortwörtliche Wiedergabe)

Ich war gerade 6 Jahre alt, als mein Vater meine Mutter, meine Schwester und mich verließ. Er konnte diese Enge nicht mehr ertragen, die wir ihm bereiteten. Ich sah meinen Vater die nächsten Jahre sehr selten und ab dem 14. Lebensjahr wollte ich ihn nicht mehr sehen. Ich hatte kein Verständnis mehr für sein Verhalten. Mein Vater hat wieder geheiratet und einen kleinen Sohn mit dieser neuen Frau. Jetzt war die Enge nicht mehr so eng? Zu Weihnachten und Geburtstag erhielt ich Karten, weil ich mich weigerte, mit ihm zu reden. Ich hatte ihn aus meinen Leben verbannt. Meine Mutter hatte auch wieder einen neuen Partner, aber das gestand ich ihr zu. Sie war immer für uns da. Dieser Mann wurde ein Freund, kein Vater. Sogar einen schlechten Vater kann man nicht ersetzen. Die Jahre gingen ins Land und ich plante mit meiner Freundin Susanne unsere Hochzeit. Nachts träumte ich, obwohl ich mich nie an Träume erinnern konnte, wusste ich jetzt jede Einzelheit meiner Träume. Ich sah meinen Vater, wie er mit mir spielte, als ich klein war, ich sah ihn sogar am Bett meiner Mutter, als ich geboren wurde. Was sollte mir das alles sagen. Meine Freundin meinte, dass es jetzt an der Zeit ist, ihm zu vergeben, weil er es nicht besser konnte zu dieser Zeit. Er, selbst noch so jung, war überfordert mit der Familie. Ich weigerte mich, mit ihm Kontakt aufzunehmen, um ihn zur Hochzeit einzuladen.

Dann kam ein Traum, der mich umhaute. Ich sah einen Engel, eine leuchtende Gestalt, der mich an die Hand nahm und mich zum Friedhof begleitete. Er führte mich zu einem Grab mit einem Grabstein. Auf dem Grabstein stand der Name meines Vaters. Ich stand da und weinte vor dem Grab. Ich schüttelte mich vor Weinen und ging in die Knie. Der Engel legte seine Hand auf meine Schulter und sagte: „Mach es!"

Ich erwachte und hatte ein nasses Gesicht. Ich hatte wirklich geweint. Fix und fertig stand ich auf. Der ganze Tag spukte nur der Traum in meinem Kopf herum. Ich konnte überhaupt nicht arbeiten. Es kam noch schlimmer an diesem Tag. Ich wollte am Abend noch schnell was im Supermarkt besorgen, da stand mein Vater am Fleischstand und bekam gerade seine Ware. Ich wollte mich umdrehen und verschwinden, aber da spürte ich diese Hand wieder auf meiner Schulter. Ich ging auf ihn zu, schaute ihn an und sagte: „Lange nicht mehr gesehen, wie geht's?" Ich sah, wie mein Vater schluckte und seine Augen feucht wurden. „Hallo Roland, schön dich zu sehen, wirklich schön dich zu sehen. Ich habe die Tage noch an dich gedacht."

Meinen Traum hatte ich ihm nie erzählt. Dazu kam ich nicht mehr. Zwei Jahre nach meiner Hochzeit erlitt er einen Herzinfarkt und er starb mit nur 57 Jahren.

Brigitte Krainer:

Tod wird angekündigt (wortwörtliche Wiedergabe)

Meine Cousine erzählte mir, dass in der Küche der Weihwasserbehälter runterfiel, als ihr Bruder im Krieg war. Da sagte dann die Mutter: „Ich denke, dass mein Sohn im Krieg gefallen ist." Und wirklich kam dann am nächsten Tag jemand vorbei und brachte die Nachricht, dass der Sohn gefallen ist.

Meine Mutti erzählte mir, als meine Schwester sehr schwer krank war und im Sterben lag, sah sie drei Tage immer eine Frau bei ihrem Bett stehen. Am dritten Tag, nachdem meine Schwester dann gestorben ist, kam diese Frau nicht mehr. Meine Schwester starb in der Klinik, die 200 km weiter weg ist, und meine Mutter sah es zuhause vor ihrem inneren Auge.

Lisa Schroer:

Erzengel Raphael (wortwörtliche Wiedergabe)

Ich nahm zusammen mit meinem Hund an einer Heilübertragung für Tiere teil, die bei Facebook lief. Ich lag auf der Couch, rechts von mir lag mein Hund. Ich legte meine rechte Hand auf seinen Körper und entspannte mich. Plötzlich hörte ich in mir: „Strecke deine Finger nach oben." Ich dachte dann, ich hätte mir das einfach so gedacht. Dann kam nochmal: „Strecke deine Finger nach oben." Also machte ich das einfach mal. Da sah ich ihn auch schon, Erzengel Raphael. Ich hob die Finger meiner linken Hand nach oben und sah, wie er da stand, seine Hände über meine Fingerspitzen, den Fingerchakras meiner linken Hand, hielt und seine grüne Heilenergie in meine Finger einfließen ließ. Sie lief dann über meinen Oberarm, meinen Brustbereich zu meinem rechten Arm, der auf dem Hund lag, und floss da aus den Fingern in seinen Körper. Eine wundervolle Erfahrung.

Lisa Schroer:

Begegnung mit Erzengel Michael (wortwörtliche Wiedergabe)

Wir haben hier bei uns einen See. Direkt am See gibt es einen Rundweg. Wenn man diesen läuft, muss der Hund an der Leine bleiben. Durch Gestrüpp getrennt, läuft um diesen Weg nochmal ein 2. Weg, auch um den See herum. Hier können die Hunde frei laufen. Ich bog mit meinem Hund auf den Weg ein, der direkt am See war. Plötzlich sah ich einen blauen Fleck in den grünen Bäumen. Ich dachte: Schön, Erzengel Michael. Da hörte ich auch schon: „Ihr seid beschützt." Ich dankte ihm, fragte mich aber wovor. Ca. 2-3 Minuten später sah ich plötzlich, wie auf dem äußeren Weg ein riesiger Labrador entlang flitzte. Ich bekam, wie immer, Angst um meinen Hund, weil er ja nur 30 cm hoch ist. Ich hatte große Angst, der Hund würde uns entdecken und sich auf meinen stürzen. Dachte aber gleichzeitig immer noch an die Worte: „Ihr seid beschützt." Endlich kam auch das Herrchen und rief seinen Hund. Er hörte natürlich nicht gleich. Ich stand wie angewurzelt da. Nach mehrmaligem Rufen rannte der Hund zu seinem Herrchen. Dieser leinte ihn dann an. Erst als der Labrador an der Leine war, entdeckte er meinen Hund. Gott sei Dank. Erst dann. Aber, wir waren beschützt, wie angekündigt.

Christel Oostendorp:

Das 2. Gesicht

Mein Vater erzählte mir von meiner Urgroßmutter, die ca. 1850 geboren wurde, dass sie das 2. Gesicht hatte

(Fähigkeit des Wahrsagens). Sie konnte Ereignisse voraussehen und ihre Verwandten und Nachbarn warnen. Auch hielt sie Böses vom Bauernhof ab, indem sie Zeremonien mit Kreuzen und Engeln vor dem Tor des Hofes machte und die symbolisch aufstellte. Eines Tages kam eine Kutsche mit zwei Pferden als Gespann und einem Führer auf den Hof. In Höhe der Kreuze und Engel scheuten die Pferde und der Kutschwagen kippte zur Seite. Die zur Hilfe herbeigeeilten Knechte bekamen die beiden Pferde mit ihrem Führer nicht durch das Tor. Als der Führer das bemerkte, machte er auch keine Anstalten mehr, es zu versuchen. Er dachte zwar, dass dieser Hof verhext war, aber meine Urgroßmutter wusste, dass dieser Mann ein wenig vertrauenswürdiger Mensch war, der nichts Gutes im Schilde führte. Die Engel hielten ihn fern vom Hof.

Anja Tischbein:

Tod des Großonkels wurde angekündigt (wortwörtliche Wiedergabe)

Oma erzählte uns oft folgende Geschichte: Als mein Großonkel im Krieg war, fiel plötzlich ein Stück Glas wie ausgeschnitten aus der Scheibe des Küchenbuffets.

Mein Urgroßvater stand auf und sagte: „Unser Hans ist soeben gefallen. Das ist ein Zeichen." Oma sagte, dass am übernächsten Tag die Nachricht über den Tod meines Großonkels kam. Wer hat die Scheibe herausfallen lassen?

Christel Oostendorp:

Engel kümmerten sich um Blumen

Im September 2014 machte die ganze Familie eine Rundreise durch Amerika und ich konnte meine Söhne nicht mit der Pflege des Gartens und meiner Blumen auf den Fensterbänken beauftragen. Ich goss noch einmal alle Blumen und bat die Engel und die Naturwesen um ihre Hilfe. Ich bat darum, den Garten und meine Blumen während meiner Abwesenheit von 16 Tagen zu pflegen. Als wir nach 16 Tagen wieder zurückkamen, staunte ich nicht schlecht. Im Garten war nichts vertrocknet und auf unserer Fensterbank im Wohnzimmer blühte eine vorher krank aussehende Blume. Ein wunderschöner Willkommensgruß und ein Zeichen, dass da jemand die Finger im Spiel hatte. Jede Blume hatte überlebt.

Brigitte Krainer:

Erzengel Raphael heilt und gibt Zuversicht
(wortwörtliche Wiedergabe)

Als ich 2016 auf der Intensivstation war und es mir gar nicht gut ging, fühlte ich, dass am Kopfende etwas war. Ich konnte mich aber nicht bewegen durch diese ganzen Verkabelungen. Ich schlief dann ein und später, als ich wieder aufwachte, fühlte ich dasselbe wieder. Ich fragte in Gedanken: „Wer ist da?" Dann kam die Antwort: „Ich bin Erzengel Raphael, ich bin hier, um dich zu beschützen. Hab keine Angst, alles wird gut." Es fühlte sich dann an, als wenn er über meinen Kopf streichelte. Wenig später hatte ich dann eine Blutabnahme und heraus kam, dass mein Blutwert ganz schlecht war. Mir fiel ein, was ich vorher hörte und vertraute darauf, dass es gut wird. Trotzdem hatte ich so arges Herzklopfen, und war froh, als ein Arzt kam und mir erklärte, was man tun wird. Ich konnte mich gar nicht konzentrieren auf das, was er mir erklärte. Ich nickte nur und dachte, es wird schon passen. Der Raphael sagte ja, alles wird gut. Ja und es wurde dann gut. Ich hatte eine Leukopenie und eine Thrombozytopenie und die Erytrozyten waren auch viel zu niedrig, wegen meiner Metallvergiftung. Aber es war wirklich dann so, dass alles gut wurde. Ich bekam verschiedene Medikamente, damit diese Werte wieder anstiegen.

Christel Oostendorp:

Schwangerschaft

Kira kam sehr verzweifelt zu mir. Seit 4 Jahren versuchte sie, schwanger zu werden. Jede Möglichkeit hatte sie schon ausprobiert. Aber sogar eingepflanzte Eizellen blieben nicht bei ihr. Sie kam zu einer Matrix-Harmonia-Anwendung, weil eine Freundin ihr von dieser Methode erzählte. Nach einem kurzen Vorgespräch fing ich an, alle ihre Miasmen zu harmonisieren, Chakren in die richtige Schwingung zu bringen und die Aura zu reinigen von allen lebenden und toten Anhaftungen. Sie zeigte starke Reaktionen, indem sie sehr schwankte. Danach durfte sie sich gemütlich in den Sessel setzen. Ich legte meine Hände auf ihr Kronenchakra und begleitete die Energie mit Worten durch ihren ganzen Körper. Alle Organe wurden von dieser Energie besucht. Weiter ging es dann zur Seele. Ich ließ sie eine goldene Pyramide visualisieren, in die sie schreiten musste bis zu einem kleinen Licht. Die Pyramide stellte ihre Seele da und das Licht war der Punkt in der Seele, wo alles archiviert ist. Eine Schatztruhe musste geöffnet werden, aus der all ihre Sorgen in Form von Seifenblasen heraustraten, die eine nach der anderen platzte, bis die Truhe leer war. Als wir uns anschließend über diese Reise ins Innere unterhielten, erzählte sie mir, dass neben der Schatztruhe eine helle Gestalt stand – eine Art Engel oder so, sagte sie. Dieser Engel sagte ihr, als alle Seifenblasen zerplatzt waren: „Schau in die Truhe, Kira, da ist deine Zukunft drin." Sie schaute hinein und entdeckte eine rosa farbene Seifenblase, die an einem Anker hing, damit sie nicht rauskommen konnte, um zu zerplatzen. In dieser Seifenblase lag ein Baby. Ein halbes Jahr später bekam ich einen Anruf von ihr, dass sie im 3. Monat schwanger sei und es ihr und dem Baby gut ginge. Was für eine Freude.

Susi: (sinngemäße Wiedergabe – Namen geändert)

Verstorbene Mutter möchte etwas mitteilen

Der Todestag meiner Mutter Paula jährte sich das zweite Mal und die Familie fand sich einen Tag vorher im Hause meines Vaters ein. Mein Freund Jonas und ich schliefen die Nacht dort, damit wir morgens rechtzeitig zur Messe anwesend waren. In der Nacht hörte ich meinen Freund etwas murmeln. Er stieg über mich, um aus dem Bett zu gelangen und redete weiter. Ich schaltete das Licht ein und bemerkte, dass er die Augen fast geschlossen hatte und im Begriff war, zur Tür zu gehen. Ich hielt ihn an der Hand fest und fragte sanft: „Wohin möchtest du?" Er antwortete: „ Deine Mutter möchte mir was zeigen, ich muss gehen." Daraufhin wurde mir echt mulmig zumute und ich schüttelte ihn etwas, um ihn ganz aufzuwecken. Er öffnete die Augen und schaute mich an und sagte: „Sie möchte mir doch was zeigen" und erst danach bemerkte er, wo er war, legte sich wieder ins Bett und schlief sofort wieder ein. Für mich war die Nacht zu Ende. Auch ließ ich ein kleines Licht im Zimmer brennen, damit mir nichts entgehen konnte.

Am Nachmittag durchsuchten wir das Haus danach, was meine Mutter ihm wohl zeigen wollte. Wir konnten nichts finden. Vielleicht wollte sie ihn mitnehmen auf eine kurze Reise dorthin, wo sie jetzt war, um zu zeigen, dass es ihr gut geht. Jonas hatte meine Mutter zu Lebzeiten nie kennengelernt. Er war sich aber sicher, dass sie es war. In dem Zimmer hing ein Bild von ihr und er beschrieb sie etwas jünger als auf dem Foto und in einem leichten weißen Lichtschein eingehüllt.

Da mir bei so einer Situation Angst aufkommen würde, hat meine Mutter meinen Freund dafür ausgewählt, der anscheinend für diese Verbindungen empfänglicher ist.

Maria Kühner:

Orientierung verloren (wortwörtliche Wiedergabe)

„Ich war vor einigen Jahren bei meinen Schwiegereltern in Spanien (Costa Blanca) in der Nähe von Calpe. Sie besaßen dort ein Haus mit wunderschönem Ausblick von der Terrasse auf den Berg Penon de Ifach, der direkt am Meer liegt. Einmal im Jahr besuchte ich sie, um im großen Garten zu helfen. Ich hatte immer viel Freude daran. Nach getaner Arbeit grillten wir oder tranken mit Nachbarn ein oder zwei Gläser Rotwein.

Mein Schwiegervater hat jedes Jahr einen Mietwagen für mich gebucht, den ich am Flughafen übernahm. So kam es dann dazu, dass mich ein Nachbar fragte, ob ich ihm zum Flughafen nach Alicante fahren könnte. Meine Schwiegereltern hatten nichts dagegen und so fuhr ich ein paar Tage später mit dem Nachbar zum 80 km entfernten Flughafen. Wir hatten unterwegs ganz nette Gespräche. Die Fahrt war einfach. Calpe nach Alicante und wieder zurück – fast nur Autobahn in Richtung Valencia.

Ich fuhr auf der rechten Spur in Gedanken versunken und übersah, dass sich die Autobahn teilte und war im Nu auf einer anderen Autobahn. Ich rief: „Oh Gott, nein." Die nächste Gelegenheit fuhr ich wieder runter und dachte, gleich irgendwo wieder in die andere

Richtung nach Valencia auffahren zu können. Aber ich durchfuhr einen kleinen Ort und fand kein Hinweisschild. Auch nach einer Stunde nicht. Die Leute, die ich fragte, sprachen nur spanisch und ich hatte keine Landkarte, kein Handy – nur meine Angst und Panik. Ich weinte und fühlte mich hilflos. In so einer Situation fallen mir immer meine Engel ein. Ich sage immer meine Engel und nicht die Engel, weil ich mich ihnen so nah fühle. Ich faltete meine Hände und bat meine Engel, mir zu helfen und mir den Weg zur Autobahn zu zeigen, damit ich gut und sicher nach Calpe komme. Ich bedankte mich mehrmals und fuhr weiter. Es waren vielleicht ca. 10 Minuten, als ich endlich ein sehr großes Schild mit dem Hinweis nach Valencia sah. Die Engel hatten mir intuitiv den Weg gewiesen. Ich hätte ja auch anders fahren können.

Ein Stein fiel mir vom Herzen und ich war so unendlich dankbar, dass die Engel mir wieder einmal geholfen hatten. Diesmal kamen Tränen der Freude über mein Gesicht. Meinen Schwiegereltern erzählte ich nicht, dass ich versagt hatte. Sie waren so stolz auf mich, dass ich alles immer so gut hinbekam. Ich aber war stolz auf mich, dass meine Engel immer an meiner Seite sind. „Danke Engel."

Christel Oostendorp:

Engel hält meinen Sohn auf

Meine Mutter war gerade erst einige Tage verstorben, als ich, hochschwanger, mit meinem Mann und unserem 2 1/2 jährigen Sohn auf dem Marktplatz unserer Stadt stand. Unser Sohn spielte auf den Stufen des Rathauses. Mein Mann und ich unterhielten uns und haben einen Bruchteil einer Sekunde nicht auf unseren Sohn geschaut, der nun zur Straße lief, auf der man im Schritttempo zu fahren hat. Ein Golf GTI kam mit ca. 50 Stundenkilometern angerauscht, und wir konnten nur noch sehen, wie unser Sohn, wie von einer Hand geschubst, aufgehalten, auf den Hosenboden landete - knapp vor dem GTI. Mir war sofort klar, dass da Hilfe von oben im Spiel war.

Vielleicht waren es die Engel, vielleicht meine Mutter. Mein Sohn erzählte mir 20 Jahre später, dass er es nicht gerade toll fand, dass alle Anwesenden beim Tod meiner Mutter ins Zimmer durften, nur er musste mit einer Tante draußen bleiben. Damals war er 2 ½ Jahre alt. An kaum etwas aus dieser Zeit kann er sich erinnern, aber daran. Vielleicht hat er mehr gefühlt oder gesehen, als wir erahnen. Kinder sind dem Jenseits so viel näher als wir.

Christel Oostendorp:

Engel beschützen Kind im Kinderwagen

Mein Sohn Jan war schon immer sehr sportlich und flott unterwegs. Monate später, als mein 2. Sohn Mark schon geboren war und ich mit dem Kinderwagen und Jan an der Hand durch das Stadtzentrum fuhr, ließ Jan meine Hand los, drehte sich um und lief in die andere Richtung zurück bis fast zum Rathaus. Ich musste mich entscheiden, ob ich Jan durch die Menge hinterherjage und den Kinderwagen stehen lasse oder mit dem Kinderwagen hinterherjage, was durch die Menschenmenge nur sehr schwer möglich war. Ich schubste den Wagen in den Eingang des DM-Ladens und raste meinem kleinen Sprinter hinterher. Kurz vor der Querstraße, die man im Schritttempo befahren darf, hatte ich ihn am Kragen. Ich drehte ihn um und wir beide liefen so schnell es ging wieder zum Kinderwagen. Während der ganzen Zeit betete ich zu Gott und den Engeln, dass sie über den Kinderwagen wachen sollten. Ich habe Höllenängste ausstehen müssen, bin aber meiner Intuition gefolgt. Mit dem Kinderwagen hätte ich Jan aus den Augen verloren.

Elisabeth

Kleiner Vogel (wortwörtliche Wiedergabe))

Ich halte mich immer gern in der Natur auf und liebe Tiere; besonders meinen Hund Max und meinen Wellensittich Pipsi. Mit Max war ich mal wieder in der Natur unterwegs, als ich am Wegesrand einen kleinen Vogel liegen sah. Er bewegte sich kaum noch. Ich hob ihn auf und legte schützend die andere Hand über ihn. Eine Bank stand 100 m weiter und dorthin begab ich mich. Mehr als 15 Minuten saß ich so mit dem Vogel in den Händen und bemerkte keine Besserung. Ich bat die Naturgeister und Engel um Hilfe mit den Worten: „Liebe Naturgeister, liebe Engel, ich weiß, ihr könnt nicht für jeden Menschen und jedes Tier ein Wunder bewirken. Aber lasst diesen Vogel eure guten Energien spüren, damit er Kraft schöpfen kann. Ich danke euch für eure Hilfe." Ich saß noch weitere 5 Minuten mit dem Vogel dort und bemerkte auf einmal, dass er sich in meinen Händen regte. Ich öffnete meine Hände etwas mehr und der kleine Vogel sah mich an. Er pickte einmal mit dem Schnabel in meinen Daumen, krabbelte auf den Daumen und flog davon. Zufall?

Christel Oostendorp:

Erklärung, warum Engel nicht immer eingreifen

Vor kurzem fuhr ich langsam mit meinem Auto auf einen Kreisverkehr zu. Ich dachte so: Warum können Engel nicht immer helfen? Warum greifen sie nicht immer ein? Ich schaute nach links und fuhr langsam an. Da rauschte plötzlich ein Fahrradfahrer mit hohem Tempo vor meinem Auto vorbei und ich machte eine Vollbremsung. Ich schaute nach rechts, dem Fahrradfahrer nach, der stehengeblieben ist. Ich fuhr weiter aus dem Kreisverkehr heraus und blieb am Rand stehen. Ich stieg aus und ging um die Ecke. Der Fahrradfahrer war verschwunden, obwohl es eine Straße war, die man lange einsehen konnte. Ich ging zurück zu meinem Auto und hatte die Antwort. Eingreifen können Engel, indem sie einem Fahrradfahrer noch einen Schubs geben, damit er schneller wird, um an einem Auto vorbeizukommen und bringen mein Auto durch mich sofort zum Stehen. Sie können einem etwas ins Ohr flüstern, bzw. ins Unterbewusstsein. Hätte man den Radfahrer nicht geschubst und ich nicht gebremst, obwohl ich nur einen Hauch vom Radfahrer gesehen habe, dann hätte ich ihn umgefahren.

Sema Pamir:

Umzug in eine andere Wohnung (wortwörtliche Wiedergabe)

Ich suchte lange Zeit eine größere Wohnung für meine Familie und unsere beiden Katzen. Da ich sehr feinfühlig bin, bemerke ich in Wohnungen, die ich besichtige, schlechte Energien, Elektrosmog u.a. und muss dann aus dem Bauch heraus, obwohl die Wohnung mir sehr gefällt, ablehnen. Ob in der Stadt oder auf dem Land, immer war irgendetwas nicht in Ordnung. Eines Abends erinnerte ich mich daran, dass ich auch um Hilfe bitten könnte. Ich könnte Gott bitten, mir die Engel zur Unterstützung zu schicken. Sie mögen mir die richtige Wohnung zeigen. Tage später standen drei neue Annoncen im Internet, die mich interessierten. Ich nummerierte im Sinn die Wohnungen, schrieb auf drei Papierblätter die jeweiligen Ziffern und rollte sie wie Lose zusammen. Ich warf sie immer wieder im Zimmer umher, bis ich nicht mehr nachvollziehen konnte, welche Ziffer auf welchem Blatt stand. Dann entschied ich mich für eine Rolle. Ich öffnete sie und auf dem Blatt stand die Zahl 1. Ich machte einen Besichtigungstermin und war das erste Mal richtig aufgeregt, die Wohnung anzusehen. Ich staunte nicht schlecht, als ich das Haus betrat und ein gutes Gefühl hatte und staunte noch mehr, als ich die Zimmer besichtigte. Engelstatuen und

Bilder schmückten die Wohnung und die Bewohnerin war mir auf Anhieb sympathisch. Ich wollte die Wohnung auf jeden Fall haben. Der Eigentümer musste allerdings noch zustimmen. Wieder bat ich um Unterstützung und bekam die Wohnung, obwohl sich mehr als 70 dafür beworben haben.

Christel Oostendorp:

Wolkenbilder

Ich habe immer schon die vielen schönen Bilder im Internet bewundert, die Menschen von Wolken gemacht haben, die eine schöne Form hatten. Oft waren Engel abgebildet. Kopf, Körper und zwei schöne Flügel, so wie wir uns die Engel vorstellen und sich deshalb manchmal so zeigen. Zufall sagen die meisten Leute dann. Eines Tages saß ich auf der Terrasse und schaute in den Himmel. Es war etwas windig und Wolken bewegten sich schnell. Ich dachte darüber nach, dass ich auch einmal eine Wolke in Engelform sehen würde. Es dauerte keine Minute, da sah ich direkt vor mir einen wunderschönen großen Engel. Er hatte einen Kopf, Körper und zwei große Flügel. Die Form veränderte sich schnell in ein großes Herz und danach in einen Kopf mit einem

Gesicht. Das Gesicht zeigte einen älteren Mann mit freundlichem Grinsen. Großer Zufall oder?

Kerstin:

Engel halten schützende Hand über das Neugeborene (wortwörtliche Wiedergabe)

Direkte Engelbegebenheiten fallen mir jetzt so nicht ein. Bin nur froh, meine kleine Maus bei mir zu haben. Das hätte auch anders ausgehen können. Hatte eine Symphysenlockerung und aufgrund der großen Schmerzen beim Laufen, Drehen und Wenden haben wir uns zum Termin für eine Geburtseinleitung entschieden. Nach anfänglichen Problemen und Wirkungslosigkeit sind dann am dritten Tag endlich Wehen aufgetreten. Aber wie sich herausstellte, hatten auch die keine großartige Wirkung und wir haben uns für einen Kaiserschnitt entschieden, da unsere Maus eh schon recht groß und schwer war. Beim Kaiserschnitt hat sich herausgestellt, dass unsere Maus nur unter großem Risiko auf natürlichem Wege geboren worden hätte können, da die Nabelschnur nur an den Eihäuten, aber nicht an der Plazenta festgewachsen war. Bei einer natürlichen Geburt wäre sie womöglich erstickt, wenn die Ärzte das nicht schnell genug bemerkt hätten. Umso denkbarer sind wir jetzt über den Verlauf der Dinge und dass wir unser Engelchen bei uns haben. Wenn da nicht die Engel eine schützende Hand über uns und unsere kleine Maus gehalten haben, weiß ich es auch nicht.

Christel Oostendorp:

Traum, dass eine Verwandte sterben wird

Kurz vor dem Tod meiner Mutter kam meine Tante (eine Cousine meiner Mutter) angereist, weil sie zwei Nächte vorher geträumt hatte, dass irgendetwas nicht in Ordnung war mit meiner Mutter. Sie sah einen Engel im Traum, der auf meine Mutter zeigte. Meine Tante war eine betagte Ordensfrau, die als kleines Mädchen von meiner Mutter in die Familie geholt wurde und dort aufwuchs wie ein eigenes Kind meiner Großeltern. Bei meinen Eltern angekommen, sah meine Tante meiner Mutter an, dass sie nicht mehr lange zu leben hatte und bestellte einen Krankenwagen. Noch auf der Fahrt wurde meine Mutter bewusstlos und wachte erst am nächsten Tag wieder auf. Weitere drei Tage und sie starb.

Monika:

Verkehrsunfall (wortwörtliche Wiedergabe)

„Wir hatten vor einem Jahr ein 2-Tages-Seminar, an dem auch meine Nichte teilnahm. Am zweiten Morgen hatte sie einen Verkehrsunfall. Sie rief uns an und wir fuhren sofort zu der Stelle, die sie uns beschrieb. Ich betete zu Gott, dass ihr nichts passiert sei, und wir trafen mit der Polizei zeitgleich am Unfallort ein. Wir waren geschockt über den Zustand des Wagens. Er lag ziemlich demoliert auf einer Wiese, die entgegen ihrer Fahrtrichtung lag. An dieser Seite standen zwei Bäume im Abstand von 3 Metern. Der Wagen war bei leichtem Glatteis, das nur an dieser Stelle war, ins Schleudern geraten, durch diese zwei Bäume bis auf die Wiese, wo er sich auch noch überschlagen hat, gelandet. Das Auto war so verzogen, dass die Feuerwehr meine Nichte durch die Kofferraumklappe retten musste. Wir waren natürlich geschockt. Ihr war aber so gut wie nichts passiert, nur kleine Prellmarken vom Gurt und leichte Gehirnerschütterung und natürlich Schock vom Unfall. Und dann sah ich ihn, ihr Schutzengel saß auf einem der beiden Bäume ziemlich geknickt und abgemüht. Ich denke bis heute, dass er wunderbare Arbeit geleistet hat. Was hätte alles ohne Ihn passieren können!"

Christel Oostendorp:

Engel machen sich durch Morsezeichen bemerkbar

Eines Abends, als mir viele Gedanken durch den Kopf gingen und ich mich ins Bett legte, um noch ein bisschen mit den Engeln zu kommunizieren, bat ich meinen Schutzengel darum, mich zu trösten. Ich hatte mich über etwas sehr aufgeregt und bat um den Mantel der Tröstung. Er möge mich halten, bat ich ihn. Augenblicklich hatte ich das Gefühl, dass mir jemand mit dem Finger in meine rechte Wange drückte. Der Finger machte irgendwelche Morsezeichen, Morsezeichen als Klopfzeichen. Ich sagte dem Engel, dass ich mich freuen würde, aber leider dieses unterschiedliche Drücken, was länger und kürzer war, nicht deuten kann. Sofort hörte es auf – aber ich wusste, dass ich gehalten wurde. Im Internet suchte ich dann nach der Erklärung dieser Drückerchen. Ich hatte mir zwar kaum etwas merken können, aber es war eventuell:

.. -.-. .... / - .-. ---. ... - . / -.. .. -.-. .... Ich tröste dich.

Das Prinzip eines uralten und bekannten Klopfalphabets wird auf den griechischen Historiker Polybius (um 200 v. Chr. bis + um 120 v. Chr.) zurückgeführt.

. (e)

.. (i)

. . . (s)

. . . . (h) usw…..

Das Notzeichen SOS würde demnach „. . .   .." geklopft.

Christel Oostendorp:

Meine erste Klientin

Ich machte mich vor vielen Jahren als Gesundheitsberaterin selbständig und betete zu Gott, mir meinen Schutzengel zur Seite zur stellen, damit ich Menschen helfen könne und damit Menschen auch den Weg zu mir finden mögen. Am nächsten Tag kam der erste Anruf. Eine Frau, die 150 km entfernt von mir wohnte, wollte eine Matrix-Harmonia-Quantenheilungsanwendung. Ich machte für die nächste Woche einen Termin mit ihr aus und fragte noch einmal genau nach ihrem Namen und der Telefonnummer. Sie hieß Engel. Ich machte mich im Internet schlau darüber, wieviel Personen in Deutschland mit dem Namen Engel wohnen. Es sind fast 50.000. Für mich war es kein Zufall, dass genau diese Person „geschickt" wurde.

Ute Burchart und Arie Hilderink:

Zuversicht (wortwörtliche Wiedergabe))

Unsere Engelgeschichte liegt noch gar nicht so weit zurück. Am 27.5.2017, einen Tag zuvor kamen wir aus einem ganz wundervollen Urlaub zurück, checkte mein Mann seine Emails, wobei er entdeckte, dass sein bisheriger Arbeitgeber zwischenzeitlich in die Insolvenz gegangen ist. Kein Maigehalt, kein Urlaubsgeld, kein Bonus. Wir waren geschockt und betroffen. Nach knapp vierzig Jahren bei dem gleichen Arbeitgeber ist das eine Hausnummer. Ein innerer Bewegungsdrang machte sich in mir breit und ich überredete Arie zu einer Fahrradtour. Ohne Ziel radelten wir los, den Kopf voller Zukunftssorgen. Wir landeten irgendwann am Auesee, den wir umfahren wollten. Wollten kann ich auch nicht sagen, es war irgendwie eine innere Schnur, die uns dorthin führte. Es kam uns in einer Rechtskurve, Arie und ich fuhren deswegen zu diesem Zeitpunkt hintereinander, ein großer, kräftiger Mann entgegen. Dieser Mann trug einen auffälligen runden Lederhut und Leinenhemd, ein hell sandfarbener, fast weißer Hund ging neben ihm her. Er sprach zu uns mit einem zuversichtlichen, warmen Lächeln: „Ich wünsche euch alles Liebe und der Weg ist nun frei für euch". Wir beide haben ihn von vorne, trotz schneller Fahrt, gesehen und gehört und fuhren erstmal noch ca. 30 m weiter und hielten dann an. Arie schaute mich erstaunt an und fragte, was das wohl gewesen sei. Meine Antwort: „Ein Mensch in Engelsgestalt, da bin ich mir ganz sicher". Dazu muss ich sagen, dieses „alles Liebe" ist mein Spruch seit Jahren, egal ob er Briefe, Karten, WhatsApps, Mails, Telefonate etc. beendet, sage oder schreibe ich: „Alles Liebe". Dieses Ereignis ging uns sehr unter die Haut und wir fühlen uns getragen und unsere Herzen sind voller Zuversicht. Mit diesem Umbruch werden wir wie Phönix aus der Asche steigen.

Christel Oostendorp:

Unfall mit einem LKW

Meine Mutter hatte im Alter von 19 Jahren einen schweren Unfall. Ein Lastwagenfahrer hatte sie übersehen und angefahren. Sie hatte sich erbrochen, wurde dann bewusstlos. Erst im Krankenhaus kam sie wieder zu sich. Sie hatte eine große Platzwunde am Kopf und eine Gehirnerschütterung – aber sonst nichts. Der Zusammenprall war so stark, dass sie viel mehr hätte abbekommen müssen. War da eine rettende Hand im Spiel? Vor Gericht bekam meine Mutter eine größere

Summe Schmerzensgeld zugesprochen, was auch unüblich war.

Maria Kühner:

Hilfe bei der Reparatur (wortwörtlich Wiedergabe)

Vor ein paar Jahren bin ich mit meinem Arbeitskollegen, ich nenne ihn mal Helmut, zum Tanzen nach Krefeld gefahren. Man musste auf Glätte achten, weil es sehr kalt war. Wir sind aber gut angekommen. Ich zog die Handbremse an bevor ich das Auto verlies.

Wir tanzten den ganzen Abend in dem schönen Tanzlokal. Es war ein sehr schöner Abend.

Um ein Uhr beschlossen wir, nach Hause zu fahren. Im Auto angekommen löste ich die Handbremse und wir fuhren los. Nach einem knappen Kilometer sahen wir sehr viel Rauch im Rückspiegel. Das Schlimme war, ich konnte nicht anhalten, weil die Straße nur einspurig war und sehr befahren. Nach dreihundert Meter konnte ich dann links abfahren und fuhr auf ein Lokal zu, das auch noch geöffnet hatte.

Helmut und ich bestaunten unser Auto, das ein glühendes Hinterrad hatte, glühend wie ein Feuerball.

Ein Taxifahrer kam zu uns und gab uns den Rat, keinen Meter mehr zu fahren. Helmut ging ins Lokal und besorgte sich Werkzeug. Nachdem das Rad abgekühlt war, versuchte er das Rad zu lösen. Er klopfte und hämmerte, aber das Rad bewegte sich nicht. Es war alles aussichtslos. Ich bekam Panik und rief: „Wie kommen wir nach Hause und wo bleiben wir die Nacht?" Es war mittlerweile schon vier Uhr und Helmut wusste auch keinen Rat mehr.

Auf einmal kam Blitzgedanke: „meine Engel"…..Ich ging auf das stille Örtchen ins Lokal, um allein zu sein und sprach mit den Engeln: „Bitte, bitte helft uns. Helft, dass mein Auto wieder fährt und dass wir gut und sicher nach Hause kommen." Ich bedankte mich mehrmals bei den Engeln und ging zum Auto zurück.

Am Auto angekommen rief mir Helmut entgegen: „Das Rad dreht sich wieder, die Bremsen haben sich gelöst. Es muss ein Wunder geschehen sein. Hast du Engel um Hilfe gebeten. Ansonsten kann das nicht!"

Ich musste immer das Hinterrad im Auge behalten, es waren auch noch 75 km zu fahren und könnte glatt sein. Wir kamen aber sicher nach Hause.

Ein paar Tage später erzählte ich es meinem Bruder, der das Handwerk gelernt hat. Er sagte mir, dass ein Wagen in solch einer Situation immer abgeschleppt werden muss und die Bremsen müssen erneuert werden. Ich sagte ihm: „Aber meiner nicht, meine Engel hatten mal wieder ganze Arbeit geleistet." Ich bedanke mich heute noch für die Hilfe, wenn mir die Begebenheit wieder einfällt.

Christel Oostendorp:

Engelerscheinung

Yvonne schickte mir ein Foto, das sie nach einem stummen einseitigen Gespräch mit den Engeln gemacht hat. Hier sieht man deutlich eine Lichtgestalt. Und über dieser Lichtgestalt noch eine etwas kleinere Gestalt. Die große und kleine Lichtgestalt hat ein Gesicht.

Das ist eine wunderbare Erscheinung. Engel erscheinen einem in unterschiedlicher Gestalt. Selten sieht man sie mit Flügeln. Diese Flügel zeigen sie nur, weil wir sie uns so vorstellen. In Wirklichkeit haben sie keine Flügel. Sie sind feinstofflich und benötigen zur Fortbewegung keine Hilfsmittel.

Wir können auch schlecht unter Engel und aufgestiegene Meister (Personen, die schon einmal auf der Erde gelebt haben und durch ihre Weiterentwicklung feinstofflicher geworden sind) unterscheiden. Da fehlt uns die Erfahrung. Wenn Engel sich in ihrer vollen Lichtausprägung zeigen würden, wären wir geblendet.

Unsere Verwandten auf der anderen Seite des Vorhangs können auch Hilfestellung leisten in kleinerem Rahmen. Sie sind auch immer in unserer Nähe. Ebenso könnte auf diesem Foto die gebündelte Energie Verstorbener sein, die etwas zu erledigen haben oder der Person Yvonne etwas mitteilen wollen.

Wenn die Bedeutung der Nachricht nicht erkannt wird, wird irgendwann ein neues eindeutigeres Zeichen geschickt. In diesen Dimensionen gibt es keine Zeit. Nichts ist eilig.

Christel Oostendorp:

Handy, Telefon und Internet fallen aus

Nachdem ich eines Abends ein wunderschönes Lied bei youtube anhörte,

https://www.youtube.com/watch?v=j8Xh5-1nBtc

fielen wenig später bei uns Handy, Telefon und Internet aus. Ich dachte noch im Bett über dieses Lied nach und morgens tat sich bei uns nichts mehr. Alles musste neu aktiviert werden. Für Telefon und Handy haben wir unterschiedliche Anbieter. Der junge Mann (Elias Argüello) singt 11 Minuten über die Liebe und ungefähr in der Mitte hört man ein leichtes Rauschen und dann Stimmen, die in den Gesang einfallen. Wunderschön. Woher kommen diese Geräusche und Gesänge? Beim Aufnehmen dieses Liedes in einem professionellen Tonstudio kamen diese Gesänge auf das Band. Auf jeden Fall sind sie wunderschön.

Christel Oostendorp:

Auszug aus einem Artikel im „Der Wachturm" Nr. 5/2017 übernommen

Es war an einem Sonntagnachmittag in Curaçao. Kenneth und Filomena wollten ein Ehepaar besuchen, mit dem sie die Bibel studierten.

Kenneth erzählt: „Als wir ankamen, war das Haus verschlossen und das Auto stand nicht da. Aber irgendetwas hat mich gedrängt, die Frau auf dem Handy anzurufen."

Sie nahm ab und sagte, ihr Mann sei auf der Arbeit. Doch als sie merkte, dass Kenneth und Filomena vor der Tür standen, bat sie sie herein.

Die beiden konnten sofort sehen, dass sie geweint hatte. Als Kenneth dann das Bibelstudium mit einem Gebet begann, fing sie wieder an zu weinen. Also fragten Kenneth und Filomena vorsichtig nach, was passiert sei.

Die Frau erzählte, dass sie sich genau an diesem Nachmittag das Leben nehmen wollte. Sie war gerade dabei, einen Abschiedsbrief an ihren Mann zu schreiben, als Kenneth anrief. Sie sagte ihnen, dass sie an Depressionen leidet. Die beiden besprachen mit ihr einige tröstende Gedanken aus der Bibel. Dieser Besuch hat ihr das Leben gerettet!

„Wir haben uns bei Jehova dafür bedankt, dass wir dieser verzweifelten Frau helfen durften", sagt Kenneth. „Vor allem dafür, dass er uns gedrängt hat, sie anzurufen — vielleicht durch einen Engel oder seinen heiligen Geist."

Liegen Kenneth und Filomena richtig, wenn sie sagen, Gott hätte hier eingegriffen — ob durch einen Engel oder durch seinen heiligen Geist, also seine Kraft? Oder war dieser Anruf in letzter Minute einfach ein glücklicher Zufall? Das kann man nicht mit Sicherheit sagen.

Brigitte:

Mann erleidet Schlaganfall (sinngemäße Wiedergabe)

Als mein Mann im letzten Jahr einen Schlaganfall erlitt, wurde er mit einem gerade erst eingesegneten neuen Rettungswagen transportiert. Der Rettungssanitäter legte seinen Arm um mich und sagte: „Machen sie sich keine Sorgen, der Wagen ist heute Morgen erst eingesegnet worden. Da kann nichts schief gehen." Als mein Mann im Krankenhaus untersucht wurde, hatte sich das Blutgerinnsel im Gehirn aufgelöst und bleibende Schäden wurden somit minimiert. Gottes Mächte haben da mitgewirkt.

Susi: (sinngemäße Wiedergabe – Namen geändert)

Der Todestag meiner Mutter Paula jährte sich das zweite Mal und die Familie fand sich einen Tag vorher im Hause meines Vaters ein. Mein Freund Jonas und ich schliefen die Nacht dort, damit wir morgens rechtzeitig zur Messe anwesend waren. In der Nacht hörte ich meinen Freund etwas murmeln. Er stieg über mich, um aus dem Bett zu gelangen und redete weiter. Ich schaltete das Licht ein und bemerkte, dass er die Augen fast geschlossen hatte und im Begriff war, zur Tür zu gehen. Ich hielt ihn an der Hand fest und fragte sanft: „Wohin möchtest du?" Er antwortete: „ Deine Mutter möchte mir was zeigen, ich muss gehen." Daraufhin wurde mir echt mulmig zu Mute und ich schüttelte ihn etwas, um ihn ganz aufzuwecken. Er öffnete die Augen und schaute mich an und sagte: „Sie möchte mir doch was zeigen" und erst danach bemerkte er, wo er war, legte sich wieder ins Bett und schlief sofort wieder ein. Für mich war die Nacht zu ende. Auch ließ ich ein kleines Licht im Zimmer brennen, damit mir nichts entgehen konnte.

Am Nachmittag durchsuchten wir das Haus danach, was meine Mutter ihm wohl zeigen wollte. Wir konnten nichts finden. Vielleicht wollte sie ihn mitnehmen auf eine kurze Reise dorthin, wo sie jetzt war, um zu zeigen, dass es ihr gut geht. Jonas hatte meine Mutter zu Lebzeiten nie kennengelernt. Er war sich aber sicher, dass sie es war. In dem Zimmer hing ein Bild von ihr und er beschrieb sie etwas jünger als auf dem Foto und in einem leichten weißen Lichtschein eingehüllt.

Da mir bei so einer Situation Angst aufkommen würde, hat meine Mutter meinen Freund dafür ausgewählt, der anscheinend für diese Verbindungen empfänglicher ist.

Regina Kaczmarek:

Engel tröstet über Verlust hinweg (wortwörtliche Wiedergabe)

1939 wurde ich in Schlesien geboren und lebte mit meinen Eltern auf einem Gut mit vielen Arbeitskräften zusammen. Mein Vater war dort Pferdepfleger, wie man es damals nannte, und so konnte die ganze Familie auf dem Gut wohnen. Besonders zur Erntezeit kamen viele Helfer mit der ganzen Familie. Dann hatte ich immer viele Spielgefährten. Einen Spielgefährten hatte ich aber immer, es war Alexander, den nur ich wahrnehmen konnte. Alexander war immer da - beim Essen, Spielen, Schlafen. Er sprach nie, sondern bewegte nur seinen Kopf zum Nicken für Ja und zum Schütteln für Nein.

Ich weiß nicht, wann ich ihn zum ersten Mal entdeckte. Vielleicht war er schon bei meiner Geburt anwesend. Meine Eltern dachten, dass ich ein bisschen verrückt wäre, weil ich immer mit Alexander spielte und sprach und trösteten sich mit den Worten: „Das geht vorbei."

Eine ältere Frau, die auch einmal Erntehelferin war, beobachtete mich beim Spielen und entdeckte, dass ich nicht nur mit den anwesenden Kindern sprach und spielte, sondern auch mit einem Alexander, den niemand außer mir sah.

Diese Frau sagte meiner Mutter, dass da ein kleiner Geist immer in meiner Nähe wäre, der mir aber nur Gutes wolle. Meine Mutter hatte vor mir eine Fehlgeburt, die evtl. dieser Junge war. Ich war noch klein und stellte ihm solche Fragen nicht. Es konnte auch ebenso ein Kind gewesen sein, was auf diesem alten Gut mal im Kleinkindalter verstorben war und nicht ins Licht ging. Ich sah ihn so leicht schimmernd, nicht ganz manifestiert. Alexander war mit mir so eng verbunden wie ein Zwilling.

Während des Krieges wurden alle Pferde eingezogen und alles, was das Gut ausmachte, beschlagnahmt. Die Gutherren waren deutschstämmig und mussten das Land verlassen. Auch wir zogen ins Ruhrgebiet. Ich weigerte mich laut schreiend, das Gut zu verlassen, weil ich Alexander nicht verlieren wollte. Alexander kam nicht mit uns. Er saß auf den Vordertreppen des Hauses und winkte mir nach. Ich habe ihn nie wieder gesehen.

In den nächsten Wochen weinte ich mich jeden Abend in den Schlaf und betete zu Gott, mir Alexander zu schicken. Alexander kam nicht mehr, aber dafür eine Lichtgestalt mit einem freundlichen Gesicht. Sie setzte sich auf meine Bettkante und sprach mit mir. Sie sagte: „Ich soll dich von Alexander grüßen. Er ist jetzt ins Licht gegangen, weil du ihn nicht mehr brauchst. Er hat auf dich aufgepasst, als du noch klein warst und ist nun bei uns und seinen Eltern. Ihm geht es gut und auch dir wird es an nichts mangeln. Ich bin dein Schutzengel und werde in deiner Nähe sein. Du wirst mich nicht sehen, aber ich bin da."

Bevor ich noch etwas sagen konnte, war er nicht mehr zu sehen.

Meinen ersten Sohn nannte ich natürlich Alexander, um dem kleinen Geist Alexander für seine langjährige Freundschaft zu danken. Bis zum heutigen Tage habe ich fast 50 Jahre nicht mehr über Alexander gesprochen. Ich freue mich schon auf ein Wiedersehen mit ihm in der anderen Welt oder wie immer man es nennen will.

10. Gedichte und Lieder

Behütet wie ein Baby in Mutters Arme
fühle ich mich geborgen unter Engelschwingen,
höre erklingen die Musik der Liebe,
tief in meinem Herzen.
Die warme, helle Energie der Engel umspielt meine Seele, gibt ihr Trost und Hoffnung in den dunklen Tagen, will sich dann erinnern an das wirkliche Sein, in der Zeit des Lichts in der anderen Dimension.
Meine Seele freut sich über das Wiedersehen hier auf Erden und irgendwann auf der anderen Seite des Vorhangs, wenn meine Aufgabe erfüllt und ein Heimgang ansteht, zur Dimension des Lichts und der Liebe. Bis dahin aber fühle ich die Begleitung der höheren Macht auf all meinen Wegen und meinem Tun. Ich lausche auf die Worte und auf die Zeichen der Engel - unseren Freunden und Verbündeten in Gott.

Auszug aus dem Song: „An Angel" von der Kelly family hier in der Übersetzung:

Ich wünschte, ich hätte deine Paar Flügel
Ich hatte sie letzte Nacht in meinen Träumen
Ich jagte Schmetterlinge
bis ich den Sonnenaufgang sah.
Heute Abend hat der Himmel meine Augen verklebt,
weil sie einen Schwarm Engel sahen.
Ich musste diesen magischen Stern berühren
und den Schwarm Engel grüßen.
Manchmal wünschte ich, ich wäre ein Engel
Und all der süße Honig von oben,
Sie überschütteten mich mit süßer Liebe,
Und während sie um meinem Kopf flogen
fütterten sie mich mit ihren Honig-Küssen... usw...

Dieser Text ist wunderschön und die Melodie ebenso. Besser kann man das Gefühl nicht ausdrücken, wenn man mit den Engeln in Kontakt treten darf. Ob im Traum, im Unterbewusstsein oder bewusst.

Die Blumen, so süß der Duft,
erfüllt von Hoffnung die Erde,
der Mensch betrübt im Grau des Alltags,
sieht weder Blume noch Hoffnung.
Wach auf du Erdenkind,
hole dir die Blume und die Hoffnung.
Ich reiche dir die Hand, um abzunehmen deine Last.
Komm und sieh die Schönheit der Erde,
rieche den Duft und verlass die dunkle Straße.
Geh ins Licht der Hoffnung.
Komm Erdenkind, wach auf.

Gedicht von Dietrich Bonhoeffer (1906-1945)

Von guten Mächten treu und still umgeben,
Behütet und getröstet wunderbar,
So will ich diese Tage mit euch leben
Und mit euch gehen in ein neues Jahr.

Noch will das alte unsre Herzen quälen,
Noch drückt uns böser Tage schwere Last.
Ach, Herr, gib unsern aufgeschreckten Seelen
Das Heil, für das du uns geschaffen hast.

Und reichst du uns den schweren Kelch, den bitteren

Des Leids, gefüllt bis an den höchsten Rand,
So nehmen wir ihn dankbar ohne Zittern
Aus deiner guten und geliebten Hand.

Doch willst du uns noch einmal Freude schenken
An dieser Welt und ihrer Sonne Glanz,
Dann wollen wir des Vergangenen gedenken
Und dann gehört dir unser Leben ganz.

Lass warm und hell die Kerzen heute flammen,
Die du in unsre Dunkelheit gebracht.
Führ, wenn es sein kann, wieder uns zusammen.
Wir wissen es, dein Licht scheint in der Nacht.
Wenn sich die Stille nun tief um uns breitet,
So lass uns hören jenen vollen Klang
Der Welt, die unsichtbar sich um uns weitet,
All deiner Kinder hohen Lobgesang.

Von guten Mächten wunderbar geborgen,
Erwarten wir getrost, was kommen mag.
Gott ist bei uns am Abend und am Morgen
Und ganz gewiss an jedem neuen Tag.

Pastor Krause-Isermann sagte 2002 folgendes: Die guten Mächte – das sind die Engel. Dietrich Bonhoeffer hat dieses berühmte Gedicht kurz vor seiner Ermordung im Gefängnis geschrieben, Weihnachten 1944, und in seinem letzten Brief an seine Braut gibt er eine ganz konkrete Erklärung dafür, was er unter den „guten Mächten" versteht.

Engellied von Rainer Maria Rilke (1875-1926)

Ich ließ meinen Engel lange nicht los,
und er verarmte mir in den Armen,
und wurde klein, und ich wurde groß:
und auf einmal war ich das Erbarmen,
und er eine zitternde Bitte bloß.
Da hab ich ihm seine Himmel gegeben, –
und er ließ mir das Nahe, daraus er entschwand;
er lernte das Schweben, ich lernte das Leben,
und wir haben langsam einander erkannt ...
Seit mich mein Engel nicht mehr bewacht,
kann er frei seine Flügel entfalten
und die Stille der Sterne durchspalten, –
denn er muss meiner einsamen Nacht
nicht mehr die ängstlichen Hände halten –
seit mich mein Engel nicht mehr bewacht.

11. Filme über Engel, Nahtoderfahrungen, Jenseits

Ghost – Nachricht von Sam (1990):

Die Hauptrollen spielten Patrick Swayze und Demi Moore.

Auf dem Heimweg von einem Theaterbesuch werden der Banker Sam Wheat und seine Freundin, die Künstlerin Molly Jensen, von einem Straßenräuber überfallen. Im Handgemenge löst sich ein Schuss und tötet Sam. Dieser sieht sich selbst blutend und regungslos auf der Erde liegen. Er stellt fest, dass er jetzt ein Geist ist, der die Umwelt zwar sehen und hören, aber nicht mit ihr interagieren kann und nicht von anderen Menschen wahrgenommen wird. Im Krankenhaus trifft er auf einen anderen Geist, von dem er erfährt, dass Verstorbene als Geister auf der Erde bleiben, wenn sie noch eine Aufgabe zu bewältigen haben.

Der Himmel über Berlin (1987):

1987 Fantasyfilm von Wim Wenders mit Bruno Ganz und Solveig Dommartin

In Wim Wenders poetischen Drama „Der Himmel über Berlin" wachen Engel über die Menschen im geteilten Berlin der 1980er Jahre. Die Engel Damiel und Cassiel wandern durch das geteilte Berlin, beobachten die Menschen und lauschen ihren Gedanken. Als Damiel sich in die Trapezkünstlerin Marion verliebt, erwächst in ihm das Verlangen, selbst Mensch zu werden. Er gibt seine Unsterblichkeit auf, um das zu erleben, was Engeln vorenthalten bleibt: die irdische Existenz und die sinnliche Erfahrung des Menschseins.

In der Ferne, so nah (1993):

Fantasyfilm von Wim Wenders mit Otto Sander und Bruno Ganz

Fortsetzung von Wim Wenders Erfolgsfilm "Der Himmel über Berlin": Der Engel Cassiel hadert mit seinem Dasein, weil er die Menschen zwar trösten, aber nie ihr Schicksal beeinflussen kann. Als er sieht, wie ein kleines Mädchen vom Hochhaus stürzt, fängt er das Kind auf und wird dadurch selbst zum Menschen. Als Karl Engel wandert er durch die Straßen des wiedervereinigten

Berlins, wo er neue und alte Freunde trifft. Bald jedoch bekommt er die Kälte und Lieblosigkeit der Menschen zu spüren.

Lebe lieber ungewöhnlich (1997):

Screwball-Komödie von Danny Boyle mit Ewan McGregor und Cameron Diaz

Auf der Erde läuft es nicht mehr so, wie es Gabriel, Polizeichef des Himmels, gerne sehen würde. Die Menschen halten sich nicht mehr an die überlieferten Sitten. Die beiden Engel Jackson und O'Reilly erhalten von oberster Stelle den Befehl, die zwei denkbar unterschiedlichsten Menschen miteinander zu verkuppeln. Sie stoßen auf den Raumpfleger Robert, der eher versehentlich die verzogene Millionärstochter Celine entführt und mit ihr in die amerikanische Wildnis flieht. Es bedarf schon die größten Anstrengungen, das seltsame Paar seine Gefühle füreinander entdecken zu lassen.

Dogma (1999):

von Kevin Smith

Die lässigen Engel Loki (Matt Damon) und Bartleby (Ben Affleck) wurden im Streifen "Dogma" von Gott verbannt und nach Wisconsin geschickt. Um endlich wieder in den Himmel zu kommen, wollen sie zu Sterblichen werden. Gerade recht kommt ihnen dabei ein Kardinal, der, um der Kirche neue Popularität einzuhauchen, einen Generalablass für alle Sünder organisiert. Doch im Plan der beiden Engel steckt eine große Gefahr: Wenn sie tatsächlich zu Menschen werden, wäre die Unfehlbarkeit Gottes in Frage gestellt.

Stadt der Engel (1998):

Schicksalsdrama von Brad Silberling mit Nicolas Cage und Meg Ryan

"Menschen sterben halt." – "Aber nicht in meinem OP." Maggie (Meg Ryan) ist eine Herzchirurgin, die keinen Patienten verloren gibt. Die Arbeit von Engel Seth (Nicolas Cage) ist vollkommen, bis er im OP miterlebt, als Maggie einen Patienten verliert. Engel Seth, der den Toten abholt, ist von ihrer Verzweiflung berührt. Er beobachtet ihre Trauer und Wut sowie ihr Gefühl, scheinbar hilflos gegen eine unbekannte Macht zu kämpfen. Er beschließt, sich sichtbar zu machen, und die beiden verlieben sich ineinander.

Den Himmel gibt's echt (2014):

Von Randall Wallace

Der vierjährige Colton Burpo ist der Sohn von Todd Burpo, dem Pfarrer von Crossroads Wesleyan Church in Imperial, Nebraska. Colton sagt, er hätte während einer Notoperation den Himmel erlebt. Er beschreibt seiner Familie, dass er nach unten schaute, und sah, wie der Arzt arbeitete, seine Mutter die Menschen im Wartezimmer aufforderte zu beten, und sein Vater in einem anderen Raum Gott anschrie, ihn nicht sterben zu lassen. Er sprach auch von der Begegnung mit seinem Urgroßvater, der schon lange gestorben war, bevor er geboren wurde, und von der Begegnung mit seiner ungeborenen Schwester, die bei einer Fehlgeburt starb, von der niemand ihm je erzählt hatte und von der Begegnung mit Jesus, wobei er auch sein Aussehen beschreibt.

Rendezvous mit einem Engel (1996):

Von Samuel Goldwyn jr. mit Denzel Washington, Whitney Houston

Reverend Henry Biggs verliert langsam aber sicher den Glauben an sich selbst. Nicht nur seine Ehe bereitet ihm Kummer: Die Kirche ist baufällig, die Gemeinde steht am

Rande des Ruins, und der hinterlistige Immobilienhai Joe Hamilton hat bereits alles in die Wege geleitet, um das Gotteshaus abreißen zu lassen. In einem herzzerreißenden Gebet fleht er Gott um Hilfe an. Und die kommt auch prompt. In Gestalt eines blendend aussehenden Engels: Dudley. Von dessen göttlicher Mission ahnt zunächst niemand.

Rendezvous im Jenseits (1991):

Von Michael Grillo

In der Komödie findet sich Daniel Miller (Albert Brooks) nach seinem Unfalltod mit seinem neuen BMW an einem Ort namens Judgement-City wieder. Dort wird das irdische Leben eines Menschen vor einem Gericht beurteilt. Leider war Miller ein ziemlicher Versager. Während über sein Schicksal entschieden wird, lernt er die engelsgleiche Julia (Meryl Streep) kennen und verliebt sich. Ob er im himmlischen Jenseits bleiben darf?

12. Über die Autorin

Christel Oostendorp ist 1956 in Dortmund geboren und lebt seit 1989 mit ihrer Familie in Bocholt. Sie ist als Gesundheitsberaterin mit den Schwerpunkten Matrix-Harmonia-Quantenheilung, Ausbildungen, Meditationen und Familienaufstellungen tätig.

Geschrieben hat Christel Oostendorp auch die Bücher „Matrix-Harmonia" und die „Reisen des Orb Magnus in unsere Welt".